ADELAR HENGEMÜHLE

FORMAÇÃO DE PROFESSORES

Da função de ensinar ao resgate da educação

EDITORA
VOZES

Petrópolis

Rua Frei Luís, 100
25689-900 Petrópolis, RJ
Internet: http://www.vozes.com.br
Brasil

Diretor editorial
Frei Antônio Moser

Editores
Aline dos Santos Carneiro
José Maria da Silva
Lídio Peretti
Marilac Loraine Oleniki

Secretário executivo
João Batista Kreuch

Editoração: Sheila Ferreira Neiva
Projeto gráfico: AG.SR Desenv. Gráfico
Capa: WM design

ISBN 978-85-326-3424-5

Editado conforme o novo acordo ortográfico.

Este livro foi composto e impresso pela Editora Vozes Ltda.

À esposa Alice e aos filhos
Aneline e Augusto.

Este livro é um tributo a
todos os que sonham com
uma educação humanizante,
capaz de devolver aos
homens a dignidade de viver
e ao planeta a dignidade da
vida.

Os estudantes aprendem melhor se virem para o que é que isso pode servir-lhes na vida (BERTRAND, 2001: 124).

Sumário

Apresentação

Prof.-Dr. Juan José Mouriño Mosquera

Após publicar, em 2004, o livro *Gestão de ensino e práticas pedagógicas* no qual o Prof. Adelar Hengemühle traz um referencial muito significativo sobre a educação necessária na Pós-modernidade e indica caminhos para efetivá-la na prática, tendo como referencial o papel do professor e da gestão escolar, vem agora, o autor, com uma nova obra abordando a *Formação de professores – Da função de ensinar ao resgate da educação.*

Tanto no último livro como nesse agora transparece a preocupação que sempre acompanhou o autor, ou seja, não se restringe em relatar apenas reflexões teóricas, mas, principalmente, apontar possíveis respostas práticas de COMO os referenciais teóricos podem ser concretizados na sala de aula. Hengemühle analisa as limitações para as teorias se concretizarem na prática. Traz exemplos para mostrar como a teoria foi ou está sendo exercitada na prática. Esse tipo de contribuição somente pode ser portada por alguém que investiga a teoria e se desafia pessoalmente na prática, ou acompanha professores que estão em sala de aula. É nesse contexto que aparecem os desafios que precisam ser registrados, refletidos e, a partir dessas constatações, podem ser apresentadas propostas transformadoras.

Munido desse desafio teórico-prático, o Prof. Hengemühle inicia a presente obra fazendo uma análise crítica e fundamentada dos cenários da educação, da formação de professores e dos paradigmas pedagógicos, históricos e pós-modernos que orientam a educação. Busca compreensões desses cenários nos paradigmas tradicionais e atuais do pensamento científico. Aponta a necessidade de os educadores conhecerem e de a educação respeitar a natureza humana quando as práticas pedagógicas são planejadas e desenvolvidas. Para situar o leitor, faz um comparativo entre os modelos tradicionais de educação e as teorias de educação na Pós-modernidade. Nesse sentido, preocupa-se o autor em também chamar a atenção sobre as concepções e as práticas históricas que nortearam a formação dos professores. Para tanto, sucintamente, traz aspectos que, desde a educação primitiva até chegar ao século XX, permearam a realidade e a formação dos professores. Esse quadro teórico possibilita compreender o contexto em que vivemos e fazemos educação hoje.

A partir desse quadro referencial, o autor levanta questões históricas que os teóricos da educação vêm refletindo, tais como: a educação desenvolvida nas escolas precisa ser útil para a vida. Acresce a essas reflexões teóricas as históricas perguntas dos alunos: Professor, por que estamos aprendendo isso? Para que serve isso? Discorda o autor das clássicas desculpas dos professores de que o aluno deve aprender essas teorias para ser alguém na vida, ou para passar no vestibular.

Para desconstruir esses conceitos arraigados, o Prof. Hengemühle mostra que os conhecimentos teóricos foram sendo contruídos na história da humanidade, possibilitando às pessoas compreender o contexto mundo-vida, ou resolver os problemas desse contexto. Sugestivamente o autor diz que as teorias não vieram de outro planeta. Foram construídas por seres humanos que por curiosidade, necessidade [...] entre acertos e erros, conseguiram apresentar respostas que foram sendo aceitas como referenciais pela coletividade.

Insiste o autor que essas teorias não podem ser simplesmente transportadas do contexto onde se formaram para o contexto onde vivem nossos alunos. As realidades hoje são diferentes. Essas teorias precisam ser ressignificadas para os alunos em sua realidade, pois senão apenas se tornam coisas mecânicas a serem recebidas e repetidas.

Dessa reflexão vem a proposta do autor. Consciente de que a formação dos professores está muito limitada para desenvolver práticas pedagógicas significativas, apresenta referenciais orientadores para que os professores formadores do Ensino Superior e os que já concluíram sua formação na graduação e estão atuando na educação básica possam ressignificar suas práticas. Como primeira sugestão é apontada a necessidade de o professor conhecer as situações e os problemas que originaram os conhecimentos, suas transformações na história, para que possa visualizar situações e problemas da atualidade nos quais o aluno veja sentido em relação ao conteúdo e provoquem nele o desejo de aprender. Sem esse conhecimento histórico do conteúdo, questiona Hengemühle, o professor fica limitado para ressignificar o mesmo.

Para provocar o desejo de aprender no aluno, o autor chama a atenção para a necessidade de o professor problematizar os conteúdos. Insiste na necessidade de o docente conhecer as situações e os problemas aos quais o conteúdo está ligado. Aqui o autor faz uma análise muito significativa sobre os porquês e as dificuldades que limitam o professor ao tentar problematizar.

Para dinamizar o processo pedagógico, Hengemühle apresenta a metodologia sugerida por Maguerez. Nela, o professor inicia a aula com a problematização, provoca a discussão nos alunos para resolvê-la ou compreendê-la, apresenta o conteúdo como iluminador da compreensão ou solução do problema, e, no final, leva os alunos a exercitar a teoria compreendida, sempre confrontada com situações e problemas reais e significativos. Possibilita, assim, aos alunos usar os conhecimentos teóricos para reconstruir a realidade ou, como sugere o autor, para que os próprios alunos possam estar em condições de criar novas teorias.

O diferencial das proposições de Hengemühle, cabe lembrar, em relação às costumeiras práticas pedagógicas que são desenvolvidas, reside no fato de que, naquelas, o professor inicia a aula com teorias e depois vai buscar alguns exemplos no contexto. Aqui, o professor inicia com problemas instigadores da realidade, provoca o caos nos alunos e, então apenas, apresenta a teoria como referencial de solução ou compreensão. Com muita propriedade lembra o autor que iniciar o processo com coisas abstratas, insignificantes, torna-se muito difícil recuperar a motivação dos alunos.

Essa proposta perpassa, portanto, pela necessidade da formação inicial ou continuada dos professores em conhecer historicamente seus conteúdos, aprender a problematizá-los, ressignificá-los e dinamizá-los em um processo metodológico que desenvolve nos alunos o espírito perquiritório.

Por fim, o Prof. Hengemühle traz as falas de um grupo de professores da educação básica e do ensino superior, além de alunos seus da graduação e pós-graduação que corroboram com proposta de ressignificar a educação para o século XXI, entre a teoria e a prática. Esses depoimentos incorporaram a pesquisa do autor na construção da sua tese de doutorado. É importante lembrar que o grupo de professores da Educação Básica investigado, há três anos, vem tentando exercitar, na prática, os referenciais propostos pelo autor.

O Prof. Hengemühle apresenta, portanto, essas falas, no final do livro, como forma de mostrar aos leitores as concepções desses professores investigados, suas reflexões e sugestões para que os colegas que quiserem desafiar-se em suas práticas possam compreender as possibilidades e superar as dificuldades que estão sendo sentidas nas salas de aula em que elas são exercitadas.

Têm, portanto, os professores de todos os níveis e áreas de ensino um rico documento em suas mãos para repensar a educação e fazer das suas salas de aula, novamente, locais onde se instigue a produção de conhecimentos úteis e motivadores. Em que o professor e os alunos vejam sentido nos seus fazeres e não meramente o cumprimento de uma tarefa. Onde o professor não apenas se preocupe em passar informações que para ele mesmo são, muitas vezes, insignificantes, e os alunos não se atenham apenas a repeti-las para tirar notas e passar de ano.

Assim, o livro não é apenas mais um documento teórico. É, isso sim, um documento fundamentado nas teorias da educação, e profundamente arraigado na prática, através da qual legitima e reflete a teoria.

Introdução

Compreender e conviver com a complexidade da vida na Pós-modernidade traz expectativas preocupantes para a humanidade. As transformações rápidas, a perda dos referenciais, a incerteza da vida no planeta e a crise do sentido existencial por que passa o homem nesse momento, entre outros, têm provocado reflexões sobre o sentido do ser e estar no mundo.

Todas as dimensões da vida, em todos os campos do conhecimento, estão sendo constantemente questionadas e redimensionadas. Nada permanece estático. Tudo é movimento em constante reconstrução, reinterpretação e recompreensão. Diante desses cenários, o homem busca caminhos para situar-se e compreender as situações que vive, procurando resolver os problemas que o afligem. Isso, aliás, ele tem buscado desde os primórdios, quando começou a se comunicar e conviver em sociedade. Da necessidade de satisfazer seus desejos biológicos de sobrevivência até chegar aos nossos dias, quando outros desejos e necessidades foram agregados, entre os quais a compreensão da complexidade das coisas, o homem tem manifestado a sua motivação pelas coisas em movimento, investigando a dinamicidade do meio e buscando respostas para os segredos que circundam a vida e dão sentido à mesma.

Toda a história da humanidade é marcada por esse constante porvir, onde o acabado é visto como insatisfatório, porque o desejo infinito da pessoa é de investigar e, diante de cada resposta, já vislumbra novas perguntas. Desta forma, ao longo da história, foram sendo construídos referenciais que proporcionaram respostas satisfatórias e aceitas pela coletividade em certos momentos, orientando o sentido de ser e fazer do homem. A produção desses conhecimentos restringiu-se a um número pequeno de pessoas, conhecidas como filósofos ou cientistas, ou, ainda, foi privilégio de alguns poucos povos, como por exemplo a Grécia Antiga.

A história mostra, assim, que a produção do conhecimento sempre esteve limitada a pequenos grupos ou nações. É este um dos abismos básicos que separa os humanos: por motivos econômicos, sociais, políticos, culturais, entre outros, algumas pessoas ou nações se sobressaem sobre as outras, quando se trata de dar respostas a situações e problemas de uma época. O conhecimento, nesse caso, sempre mais, tornou-se riqueza de alguns indivíduos e nações, enquanto os outros ficaram sendo dependentes de inúmeras formas, ficando à mercê dessa minoria.

Cabe a esse grande contingente de pessoas e nações receber e repetir os conhecimentos, perpetuando-se, assim, a dependência. Essa desigualdade vem ilustrada por Habermas (1984: 117), quando este afirma que “em países livres, com frequência se encontra mais sabedoria pública e sagacidade real em lojas de manufaturas do que em gabinetes de príncipes em países nos quais ninguém ousa ter opinião antes que ela venha de cima a eles".

Além de impedir desenvolvimento mais homogêneo das pessoas e sociedades, essa situação de desigualdade tira da pessoa humana o grande sentido de existir e de se realizar. A realização da natureza humana não se reduz apenas a repetir coisas criadas por outros. O homem precisa ter a possibilidade de investigar e compreender o seu meio. Não somos passivos repetidores, mas ativos construtores e reconstrutores da nossa cultura. Cada pessoa necessita da possibilidade de desenvolver suas potencialidades mentais a fim de responder a perguntas como: por que as coisas são como são?

Como seres históricos que somos, não podemos desprezar os conhecimentos historicamente construídos; no entanto, também não nos contentamos em simplesmente receber tais conhecimentos e em repeti-los. Somos movidos, isso sim, pela constante busca de significado das coisas. É esse significado que motiva o homem. Portanto, para significar nossa própria existência, necessitamos de movimento. Movimento entre o passado, o presente e o futuro, entre o caos e a ordem; entre a necessidade e a satisfação do desejo, entre o apoio na referência histórica e na significação no momento presente, só para citar algumas das dimensões que nos movem.

Aceitas essas considerações, lembramos que a educação, também, sempre acompanhou os modelos de construção histórica. Inúmeras vezes errou ao adotar práticas que tornavam as pessoas objetos e não agentes de construção. Ateve-se a desenvolver práticas pedagógicas movidas por metodologias que se restringiam a transmitir, de um passado mais ou menos remoto, a fazer absorver e repetir, de geração em geração, conhecimentos universalmente aceitos. Isso formou pessoas dependentes, incapazes de se constituir como sujeitos e artífices da sua história.

Esse modelo foi sustentado por muitos anos, motivado pela própria inércia dos avanços científicos, fazendo com que aqueles poucos que tinham acesso às informações produzidas, normalmente os professores, as repassavam para os que supostamente não sabiam nada, os alunos. Era a forma de manter os conhecimentos nas mãos de alguns e a sujeição de muitos outros. No entanto, com a revolução da ciência e do pensamento no começo do século passado, onde despontam, principalmente, as descobertas de Einstein e importantes contribuições, como a do grupo da Escola de Frankfurt, Popper e Eccles (1995), a ciência avança. Novos conhecimentos são produzidos de forma sempre mais acelerada. O modelo de transmitir os reduzidos conhecimentos até então produzidos não dá mais conta.

A sociedade se transforma. Os meios de produção exigem novo modelo de formação. As redes de comunicação levam informações, ao mesmo tempo, a lugares nunca antes atingidos. As pessoas, em especial as crianças e os jovens, não são mais pessoas de um local restrito. Tornam-se pessoas do mundo. O acesso às informações em transformação começa a provocar inquietações nas pessoas, em escala nunca antes vista. Percebe-se que o conhecido é pouco ou quase nada diante do mundo que se abre aos nossos olhos. Sempre mais emerge a necessidade humana de satisfazer o desejo natural, muitas vezes adormecido, de perceber um sentido nas coisas. Na escola, algumas perguntas não se calam mais: Professor, o que é isso? Por que acontece isso? Por que estamos aprendendo isso? Como vamos fazer isso? [...][1].

O modelo de educação entra em crise. Os professores, com suas práticas tradicionais, não conseguem responder a essa natureza humana que, sempre mais, se manifesta. Limitados em sua formação, entram em conflito. Os alunos, cada vez mais, querendo saber por que as coisas são como são, e os professores não tendo respostas ou práticas pedagógicas que atendam a essas indagações.

Forma-se um outro referencial teórico em que se apresentam novos conceitos sobre como o ser humano aprende, como se motiva e que didática é necessária para responder aos anseios da pessoa. Paulatinamente, muda o discurso dos professores. No entanto, como a cultura de formação destes ocorreu em outro modelo, as metodologias e avaliações desenvolvidas em sala de aula continuam presas aos modelos de repetição dos conhecimentos herdados.

Nesse contexto, surge a presente produção, fruto de parte da nossa tese de doutorado, que se propõe a contribuir com possíveis respostas para que a formação dos

---

1. J. de La Vaissière (*Psicologia pedagógica*. Porto Alegre: Globo, 1937, p. 69) já denomina a faixa etária de 3-7 anos de "estádio do indagador".

professores, inicial e continuada, leve em conta a ressignificação dos conteúdos históricos e o exercício de metodologias que provoquem o desejo de aprender nos alunos, utilizando os conteúdos como respostas para a compreensão de situações e/ou a solução de problemas do contexto. Metodologias que dinamizem práticas pedagógicas que, segundo Paulo Freire (1997), levem à produção de conhecimento útil.

Percebemos que no atual contexto de formação de professores pouco se tem exercitado práticas pedagógicas que habilitem os futuros professores a desenvolver aulas tendo como referenciais os acima indicados. Instala-se, assim, um círculo vicioso: a formação deficitária dos professores formadores que, em consequência, leva a um agir deficitário dos futuros educadores. Isso tudo agravado pela limitada prática de formação continuada entre os professores formados e que atuam nas escolas de Educação Básica. Reconstruir a qualificação e reconstrução desse processo, de acordo com nossas concepções, se processa através de muita abnegação e dedicação dos atuais profissionais. Paradigmas precisam ser mudados.

A mudança não ocorre nem espontânea, nem repentinamente. Ela necessita ser desconstruída e reconstruída aos poucos. Várias são as maneiras de fazê-lo. Podemos citar, entre elas, nesse momento inicial, o estudo pessoal e coletivo dos atuais professores formadores e daqueles que já concluíram a graduação e estão atuando nas escolas de Educação Básica, desafiando-se em encontrar metodologias que aproximem a teoria da prática. Somado a isso, vem a investigação do problema, com o qual nos defrontamos, a partir de mestres que estão vivendo o processo, entre os quais nós nos encontramos, pois, incomodados pela situação, buscam novas propostas a partir da análise da realidade, confrontada com referenciais teóricos.

Assim, acreditamos que é possível democratizar os conhecimentos e desenvolver novas ferramentas para os profissionais da educação, ajudando-os na capacitação de professores competentes para o contexto Pós-moderno.

Diante disso, o presente livro tem como:

- **tema:** os cenários da Pós-modernidade, os paradigmas da educação, a formação dos professores e o desenvolvimento de práticas pedagógicas significativas que atendam aos desejos e às necessidades do homem;

- **problema:** a falta de sentido dos conhecimentos para o professor e para o aluno e a carência de referenciais para desenvolver práticas pedagógicas significativas;

- **proposta:** sugerir a formação inicial e continuada dos professores, a partir da ressignificação histórica dos conteúdos; da problematização dos mesmos, como forma de provocar o desejo de aprender; e da metodologia problematizadora capaz de provocar o desejo de aprender, de significar o conteúdo e de possibilitar ao aluno produzir conhecimento útil para a vida.

Assim a obra se divide em três partes:

a) **Referenciais: a ciência, o ser humano, a educação e a formação de professores**, parte em que são abordados aspectos dos paradigmas tradicionais e pós-modernos do pensamento científico, do ser humano como centro do processo de ensino-aprendizagem, do paralelo entre os paradigmas educacionais tradicionais e pós-modernos, do olhar para a formação do professor ao longo da história, e das concepções e formação de professores para a Pós-modernidade.

b) **Aproximando a teoria da prática**, parte na qual ofereceremos possíveis referenciais capazes de dar ao professor subsídios para a sua formação e ação na prática pedagógica, a partir da reflexão sobre a necessidade do resgate histórico dos conteúdos para ressignificá-los; da problematização como meio para provocar o desejo de aprender; e de possível metodologia para orientar e dinamizar práticas pedagógicas capazes de produzir conhecimentos úteis e em respeito à natureza humana.

c) **Entre as concepções teórico-práticas: o que pensam os professores**, momento em que trazemos os relatos dos professores da Educação Básica, do Ensino Superior e de alunos da graduação e pós-graduação que integraram a pesquisa de nossa tese de doutorado e que expressam seu pensamento sobre a importância da ressignificação histórica dos conhecimentos, da problematização e da metodologia problematizadora. Nessa última parte, a opinião dos professores vem solidificar e legitimar as teorias e práticas propostas.

O modelo de educação aqui buscado precisa respeitar os desejos e as necessidades naturais da pessoa humana. O que se aprende na escola precisa ser útil. As metodologias que orientam essa prática precisam provocar o desejo de aprender nos alunos, apresentar conhecimentos históricos como luzes para a compreensão da realidade e possibilitar aos alunos utilizar-se desses conhecimentos para bem viver e, inclusive, terem capacidade de produzir novos conhecimentos.

Temos a esperança de que, assim, possamos concorrer à mudança do atual quadro, em que os professores e a escola estão perdendo, em muito, o seu sentido de ser, pois a transmissão de conteúdos acabados já não responde mais às necessidades. Estamos carentes de propostas que respondam *como* desenvolver práticas pedagógicas que venham ao encontro dos desejos e das necessidades do homem na Pós-modernidade.

Não temos a pretensão de oferecer resposta única a todos esses desafios, mas ambicionamos, sim, apresentar um referencial que possa ser útil para os professores nesse momento de crise e de mudanças constantes e profundas dos paradigmas da educação. Crise e mudanças que exigem uma resposta nova e urgente da parte do Ensino Superior, em especial dos professores formadores de novos professores.

Parte 1

Referenciais: a ciência, o ser humano, a educação e a formação de professores

[...] o aprender é a condição primeira para fazer da pessoa uma pessoa (GIESECKE, 1997: 47).

Buscamos referenciais teóricos na história para que possamos compreender e ressignificar a realidade e desafios dos professores hoje e, assim, indicar caminhos para qualificar as práticas pedagógicas que atendam às necessidades e desejos do homem na Pós-modernidade.

Os fazeres humanos sempre foram iluminados pelos avanços, mais ou menos rápidos, da ciência, desenvolvida pelo próprio homem, na medida em que estes possibilitavam a compreensão mais linear ou complexa das situações, ou a solução mais ou menos completa dos problemas. No âmago da questão está o desejo humano de compreender por que as coisas são como são.

Desse desejo emerge a necessidade de busca, a qual incita o desenvolvimento do espírito de pesquisa. Nesta sucessão de indagações e respostas, cada etapa de conhecimento é base para a construção de novos conhecimentos, num processo jamais concluído. Para delinear e embasar nossas buscas, fazemos, inicialmente, uma abordagem dos modelos de ciência desde a Antiguidade até nossos dias.

1.1 O paradigma tradicional da ciência

> *Verdade é uma pretensão de validez que vinculamos aos enunciados ao afirmá-los* (HABERMAS, 1997: 114).

A história do homem se confunde com a busca do conhecimento e a forma de transformá-lo em tecnologia e aplicações práticas. Desde as formas mitológicas (mitos), passando pela forma doxológica (opiniões) e pela racionalidade, até à ciência moderna, o homem organiza epistemologicamente os conteúdos da ciência. Fundamentado no idealismo filosófico, a partir do mundo espiritual ou do mundo material, objetivo ou subjetivo do materialismo histórico e dialético, podemos resumir em três características o paradigma tradicional da ciência: simplicidade, estabilidade e objetividade.

A simplicidade é uma forma de ver e analisar a realidade, atomizando-a e separando-a do sujeito e do seu meio natural e social onde se encontra, para compreender e explicar a realidade natural, humana e social. Daí decorrem a atitude de análise e operação disjuntiva; a atomização da matéria, da vida e a busca de relações causais lineares; operação reducionista do complexo, do fenômeno e da realidade e compartimentação do saber. Esta forma de abordar o conhecimento favorece a crença da casualidade linear.

O pressuposto epistemológico da estabilidade é a concepção de que o mundo é algo ordenado que "já é". Segundo esta característica do paradigma tradicional da ciência, os fenômenos são regidos por leis de funcionamento simples, invariáveis e possíveis de ser conhecidas. Neste mundo, as relações entre as variáveis são altamente prováveis: conhecendo as leis, é possível prever os fenômenos em seu funcionamento, comportamento e resultados. E essa previsibilidade dos fenômenos possibilita a sua controlabilidade. Isto é, a possibilidade de agir sobre eles e explorá-los: o conhecimento e a previsibilidade permitem tirar proveito da natureza e manipulá-la em benefício de interesses humanos. Na lógica desse paradigma, os objetivos da ciência passam a ser: explicar, prever, controlar e manipular [...] os fenômenos do universo a serviço do homem. A sua metodologia é a experimentação idealizada, artificial, estratificada, com a quantificação e a matematização dos resultados, excluído o contexto, a cultura e a história das pessoas e dos fenômenos. Nela, a relação funcional, além de simples, é passiva, apenas uma relação do sujeito que observa o objeto, sem interação entre ambos. Essa atitude frente ao mundo tem uma conotação *legalista:* ela se posiciona como se a natureza fosse obrigada a seguir um conjunto de leis a ela imposta. E esse paradigma, finalmente, se fundamenta na ideia cristã do Deus onisciente, criador da natureza e da vida, e concebido como legislador onipotente e perfeito.

O pressuposto da objetividade é que é possível conhecer *objetivamente* o mundo, "tal como ele é na realidade", independente do observador, pois os fatos, os fenômenos são reais e objetivos por si mesmos. Este conceito de racionalidade de *epistème* nasce em contraposição ao conhecimento entendido como *doxa* ou opinião. A atitude do cientista é observação e descrição quantitativa e objetiva da realidade única, do *universo (uni* – verso), de forma independente. Os procedimentos estatísticos garantem a fidedignidade dos resultados e a *neutralidade* do pesquisador.

Resumindo: a ciência tradicional simplifica o universo (dimensão da simplicidade); para conhecê-lo ou saber como funciona (dimensão da estabilidade); tal como ele é na realidade (dimensão da objetividade).

Os pressupostos de simplicidade, estabilidade e objetividade foram interpretados de formas diversas pelas ciências. As *ciências físicas,* nas quais elas surgiram, foram as que, por sua natureza, metodologia e finalidade, mais se aproximaram deste paradigma. No caso das *ciências biológicas,* a sua aceitação não foi tão tranquila, pois seu ambiente de trabalho, o ser vivo, não atendia aos requisitos da estabilidade e objetividade. E para as *ciências humanas* foi difícil reduzir os critérios da atomização, estabilidade e objetividade, realidades como o equilíbrio emocional, a pressão grupal, a explosão demográfica, a energia mental que fazem parte dos conteúdos antropológicos do ser humano e suas relações sociais.

Estas ciências buscam, sempre mais, um "estatuto epistemológico próprio", desde que Descartes fez a separação entre o domínio do sujeito (*ego cogitans*), reservado à filosofia e à meditação, e o domínio do objeto (*res extensa*), reservado à ciência, à descrição precisa, ao saber objetivo. Com esta posição dualista instalou-se a disjunção entre uma cultura humanista, fundada na reflexão, e uma cultura científica, fundada na objetivação do saber.

O paradigma tradicional em síntese		
Mitologia	Doxa	Racionalidade
Simplicidade	Estabilidade	Objetividade
	Divisão entre	
Homem e natureza	Ciências humanas, ciências sociais e natureza	

A atomização analítica e o método científico da experimentação não têm como responder às necessidades das ciências humanas e sociais, pois estas não se podem reduzir a núcleos mínimos e ao processo experimental. Além disso, é impossível reduzir as ações protagonizadas pelo homem à mesma situação experimental das ciências exatas. E, finalmente, os modelos mecanicistas não alcançam dar conta de realidades marcadas com as características das ações humanas e sociais. Por isso, a ciência buscou outras formas de explicar e transmitir a realidade humano-social.

1.2 Pensamento científico da Pós-modernidade

[...] não é mais a relação do sujeito isolado com algo no mundo objetivo, representável e manipulável; o que é paradigmático é, ao contrário, a relação intersubjetiva que se instaura entre os sujeitos capazes de

> *falar e de agir, assim que eles se entendem entre si sobre alguma coisa* (HABERMAS, 1987: 395).

Assim chegamos à chamada Pós-modernidade. Essa traz consigo mudanças em todas as dimensões da vida. São transformações antes nunca vistas. Aqui nos damos conta de que a realidade não é linear, simplista e objetiva; que não é possível fazer a separação entre homem e natureza, entre as ciências humanas e sociais; que não é possível compreender as coisas de forma fragmentada. Quando aceitamos esse novo paradigma, entramos no campo da complexidade e da subjetividade.

Inicialmente, fazendo uma análise comparativa entre a ciência chamada tradicional e a pós-moderna, destacamos a reflexão de Colom (2004: 44) questionando o método experimental, chamando a atenção para o fato de que "[...] a comparação não se realiza na realidade, mas sim em realidades configuradas artificialmente (laboratórios [...]), que demonstra a investigação e a compreensão dos fenômenos fragmentadas da sua realidade natural. O mesmo autor também afirma (p. 45) que "[...] não existem as ciências naturais nem as sociais, existe uma realidade que só pode ser abordada sob a perspectiva sistêmica [...]". Portanto, entende que a realidade está interligada e assim precisa ser vista para ser analisada e compreendida de forma qualitativa.

Também Bertalanffy, citado por Bertrand (2001: 94), diz que "[...] a característica fundamental de uma forma viva é a sua organização e que a análise das partes e dos processos isolados uns dos outros não pode dar-nos uma explicação completa do fenômeno da vida". Surge, pois, na Pós-modernidade a ideia do tudo sistêmico que Colom (2004: 74) vê como sendo o todo relacionado, não composto por partes simplesmente justapostas, mas organizado em sistema complexo e dialético. Colom (2004: 26) diz que "[...] talvez a realidade não seja exatamente como a vemos, e menos ainda como nos contam que seja".

Essa nova concepção provoca profundas mudanças nos modelos de compreensão da vida (mundo, fenômenos [...]), e também nos modelos de educação, como adiante veremos. Os conteúdos aprendidos não podem mais ser vistos como estanques, fragmentados e sem história. Pelo contrário, se surgiram e aqui estão é porque têm uma razão de ser. Têm respostas a oferecer para uma melhor compreensão da vida. Frente a esse novo paradigma, instala-se a crise, pois se a ciência se adaptava, segundo Colom, às ordens da tradição, no momento em que as teorias dessa tradição entram em crise, o ser humano perde em muito os seus referenciais. Conforme os novos referenciais, a verdade, de absoluta, passa a relativa. Na nova realidade, a regulação da vida e a ordem da natureza (COLOM, 2004: 96) estão em constante caos, oscilando entre a desordem-ordem-desordem. E a mente humana, ainda não acostumada a mover-se nestes novos referenciais e nesta nova realidade, se vê desnorteada e se sente conflitada.

Ao mesmo tempo, avançam os conhecimentos sobre o próprio ser humano, em especial sobre a mente humana. Segundo Briggs e Peat, citados por Colom (2004:

104), "o cérebro [...] é um produto não linear de uma evolução não linear em um planeta não linear". Acrescenta o mesmo autor: "o cérebro é um sistema instável que, no entanto, conduz e estabelece a formação de novas ordens, tal como as situações caóticas". Percebe-se, portanto, que a natureza humana não está desagregada da natureza mundo-vida, onde tudo é um constante vir a ser em transformação e reordenamento entre o caos e a ordem.

Esse contínuo reordenar, no entanto, não ocorre de forma aleatória. Obedece a dimensões da natureza humana. Segundo Bertrand (2001: 131), "o desenvolvimento do espírito humano [...] faz parte de um processo social e histórico". Diz ainda (p. 60): "É na base da sua experiência passada que a pessoa, enquanto organismo, se sente senhora de si mesma". Portanto, começam a ser evidenciadas as dimensões humanas, situando-as como um ser social, histórico, cultural [...]. Essas dimensões, como veremos mais adiante, precisam ser respeitadas no processo de ensino e aprendizagem. As ciências humanas, sociais e naturais estão sistemicamente interligadas.

Aqui também emerge, sempre mais, a preocupação em conhecer como o ser humano aprende. Fica evidente, cada vez mais, que o sujeito se motiva quando algo provoca nele o desejo da busca e quando esta busca tem sentido para ele. Segundo Bertrand (2001: 137), "uma ferramenta só tem sentido se existir em uma situação que permita o seu uso e apoiar-se na história das suas utilizações". Provocar esse sentido, portanto, compreende respeitar as várias dimensões humanas – a social, a histórica, a cultural... – que caracterizam cada pessoa humana como ser único. De acordo com Bertrand (2001, p. 60), "todas as pessoas são únicas", pois cada um tem a sua história, o seu modo de ser e de fazer. Isso não pode ser esquecido na educação.

Outra importante contribuição para a ciência e para a compreensão humana traz Popper (1995), através dos seus três mundos. Segundo estes, o ser humano não é apenas um simples receptáculo de informações, mas tem um mundo interior, subjetivo, em unidade, no qual ocorrem processos de transformação e compreensão diferenciadas. No mundo 1, o ser humano, através dos sentidos, percebe a realidade natural; no mundo 2, essa realidade é refletida no interior de cada um e sofre interpretações variadas que dependem, como vimos, da história, do contexto que marca cada indivíduo; no mundo 3, como consequência dos mundos 1 e 2, o sujeito manifesta a sua própria interpretação do mundo. Somente com essas contribuições de Popper já poderíamos revolucionar a formação e a prática dos professores, pois as implicações pedagógicas que desses três mundos decorrem para a educação são de riqueza incomensurável. Colom assim se manifesta sobre esses três mundos de Popper:

> O primeiro mundo tem fácil explicação, no sentido de que é formado pela realidade natural, pelos objetos tangíveis – físicos – existentes [...]; [...] o segundo mundo, o da teoria [...] é muito mais complexo, porque o sentido da palavra teoria traz consigo uma série de características que indubitavelmente mediatizam seu significado [...]; [...] o terceiro mundo de Pop-

> per [...] diremos que se refere à existência de elementos conceituais ou elementos formais, existentes apenas enquanto haja entes com capacidade de pensá-los [...] (1995: 17).

São, portanto, as teorias herdadas ou construídas por cada sujeito que lhe dão compreensão conceitual dos seus contextos. O mesmo autor (2004: 18) enfatiza: "[...] o mundo existe objetivamente, enquanto os outros existem por convenção; o primeiro possui um correlato com sua própria existência física; os outros dois, por assim dizer, existência mental". É essa passagem pela mente de cada sujeito que possibilita a des-re-construção e novas compreensões da realidade e que, além de respeitar a natureza e o desejo humano, como veremos mais tarde, possibilita à ciência avançar, de forma complexa, em melhor compreensão do contexto mundo-vida.

Percebemos que Popper, em relação à ciência tradicional, avança para dois mundos novos, quando o mundo 1, que compreende a realidade natural, acrescenta a subjetividade e a complexidade humanas do mundo 2 e 3. A aceitação dos mundos 2 e 3 do sujeito, ou seja, a aceitação do sujeito em todas as suas dimensões como ser reflexivo e que produz segundo sua individualidade, provoca a crise nos paradigmas da ciência na Modernidade, paradigmas fundamentados em verdades plenas e em sujeitos passivos, e abre novas perspectivas. Na opinião de Colom (2004: 46), "[...] nestes últimos anos, a metodologia da complexidade e dos sistemas aceitou o subjetivismo e, portanto, o fato de que o homem estude outros homens [...]". O subjetivismo abre o campo da complexidade e retira a certeza, a linearidade e as respostas únicas. Ainda, segundo este mesmo autor (2004: 59), "o complexo se define ou se aproxima ao desconhecido, ao obscuro, à desordem, ao incerto, à antinomia, ao dialético. É, em suma, a ruína da física clássica e da ciência assentada sobre o denominado método científico".

Nesse paradigma, muda a própria função e posição do investigador: antes ele observava os fenômenos em uma posição externa a eles, ou os levava para serem investigados fora do seu ambiente natural (laboratórios [...]). Agora, esses fenômenos precisam ser analisados em seu *habitat* natural, e o investigador é um sujeito integrado no ambiente da investigação. Ainda segundo Colom (p. 61), "a complexidade, por sê-lo, engloba o sistema, por sua vez complexo, que conforma em uma mesma situação o pesquisador e o objeto da investigação". Nessa mesma linha de raciocínio, podemos situar também as práticas pedagógicas: seus conteúdos teóricos originaram-se em contextos históricos significativos. Professor e alunos tendo presente a "vida natural" e, iluminados por esses conhecimentos historicamente produzidos, estão em condições de compreender os fenômenos na atualidade.

Essa mudança de olhar e de posição do investigador em relação ao objeto investigado provoca também uma crise no paradigma de pesquisa desenvolvido até esse momento, seja da realidade em geral, seja do mundo da educação em particular. Na investigação tradicional, o pesquisador, a partir de normas rígidas e com os objetos vistos em situações imutáveis, buscava apresentar respostas quantitativas do observado. Agora, involucrado com sua bagagem pessoal (histórica, cultural, social [...]), e tendo presente os conhecimentos teóricos já produzidos sobre o tema em estudo, ele apresenta resultados, sempre relativos, que, de um pesquisador a outro, podem ser compreendidos de modo distinto e, até, contraditório. Isso demonstra a riqueza com que a investigação lida nesse novo paradigma, no qual se percebem as verdades sempre como relativas, e o contexto mundo-vida é campo de buscas e compreensões sempre limitadas, situado entre o individual e o coletivo. Na afirmação de Colom (2004: 128), agora "pesquisador e natureza, pesquisador e sociedade encontraram a paz, ou seja, a capacidade de explicar-se conjuntamente". A compreensão não é mais fragmentada; é sistêmica, dialética. É subjetiva e complexa. Bem por isso instiga a natureza humana em busca nunca interrompida da utopia que é a verdade última. Esse é um rico referencial também para a educação.

Sob esse prisma começam a surgir o novo pensamento científico e, em consequência, novas teorias, novas pedagogias e novas metodologias. Uma dessas teorias, muito bem-abordadas por Colom, é a teoria do caos. Segundo esse autor (2004: 95), "[...] a teoria do caos se baseia em formulação de equações não lineares sobre processos ou movimentos altamente sensíveis às mudanças que afetam suas condições iniciais". Os contextos transformam e são transformados em um movimento de ordem e desordem que lhes dá equilíbrio aparente, mas nunca igual e muito menos acabado. Como ainda diz Colom (2004: 95), "[...] podemos dizer que o caos se encontra na dialética que conduz da desordem à ordem, e vice-versa". Portanto, atrás de cada ordem, há uma desordem. Cada sistema, mesmo estando ligado a outros, é contraditório em seu próprio interior. Por isso que, conforme este autor (p. 119), se encontra a importância da teoria: "[...] o caos não é uma característica dos elementos que conformam o sistema, mas sim das interações que acontecem entre estes elementos". Essas interações, repetindo, são dialéticas e sistêmicas.

A teoria do caos traz, assim, uma visão do mundo-vida através da qual é possível ter noção de um processo que, na verdade, vem na contramão das buscas humanas, mas que, ao mesmo tempo, as impulsiona. Ou seja, a vontade humana é encontrar a ordem no caos. No entanto, Colom afirma que é na bifurcação, na desordem, nas diferenças que se gera o equilíbrio do sistema:

> A bifurcação [...] é um processo de realimentação positiva – ou seja, que amplia as diferenças –, o que supõe a origem de estados caóticos que, depois, podem adaptar-se a situações mais equilibradas – estabilizar-se – devido à realimentação negativa que, como se sabe, diminui ou subtrai as diferenças (2004: 112).

Ao trazer a teoria do caos, Colom também pondera que, para haver a sobrevivência do sistema, é preciso que haja um embate entre a bifurcação (desordem) e a atração (ordem); é necessário, portanto, um atrator, isto é (2004: 114), "um auto-organizador do caos". Caracteriza a teoria do caos como referir-se a:

> Sistemas [...] não lineares, complexos, irregulares, incertos [...] sistemas complexos que evoluem no tempo de maneira alinear [...] à luz da teoria do caos, dizemos que esse tipo de sistema evolui permanente e irregularmente sob a dialética ordem-desordem (2004: 101).

A teoria do caos torna-se, assim, hoje, importante referencial para situar-nos diante da volaticidade do contexto. O quadro atual é formado por muitas pessoas ainda presas às teorias da Modernidade; por outras, carentes e indecisas diante do novo; e por outras, talvez ainda a minoria, que se atreve a descortinar esse mundo de buscas ilimitadas, o mundo do caos, e a apaixonar-se por ele. Não é demais lembrar que as práticas pedagógicas, hoje ainda, estão presas, também, a esses modelos tradicionais. Conforme Colom (2004: 127), "a teoria do caos foi o golpe de misericórdia à sacralização da teoria (ciência tradicional); a teoria do caos demonstra que não existe a ordem, nem sequer as bases onde assentar a narratividade sobre a ordem". Ele busca, assim, construir novas bases para possibilitar a compreensão dos fenômenos, dos objetos e do próprio ser humano, dentro de um movimento processual ilimitado e significativo com a realidade. Busca garantir a todo ser humano o direito de dominar as ferramentas do conhecimento e o poder de penetrar nos segredos complexos do mundo-vida. Complementa Colom (p. 128): "A teoria do caos democratizou o saber; destruiu as correntes da comparação; o laboratório não é necessário, já que a natureza nos evidenciou seu sentido. A previsibilidade era uma característica do laboratório, não da natureza".

Revela-se, assim, também uma esperança para a humanidade. A inserção da realidade em movimento entre a ordem e a desordem; a aceitação da complexidade como desafio à busca; a aceitação do sujeito pleno no processo (Mundos 1, 2 e 3); a possibilidade de cada sujeito ver-se como agente, capaz de contribuir para a plenificação da vida, e não apenas como espectador desta; a factibilidade de cada ser humano, enquanto agente cultural, histórico, social [...] mediante o uso dos conhecimentos construídos, poder ressignificá-los, compreender melhor a sua realidade e, inclusive, poder chegar a novas compreensões. Coisas todas que, sem dúvida, instigam o ser humano e para a educação são rica fonte de inspiração.

Diante desse quadro, Colom e Bertrand apresentam importantes contribuições para desencadear o processo investigatório, provocando estímulos e o desejo para que o indivíduo possa construir significados para os novos conhecimentos e compreender a realidade a partir dos conhecimentos já construídos. Segundo Colom (2004: 134), "o conhecimento deve ser extraído da prática; e esta, por sua vez, deve ser fonte de conhecimento". Esse processo, no entanto, precisa ter um momento inicial que provoque a curiosidade do sujeito. Os autores apresentam a situação-problema (situação-fato; problema-dificuldade) como um desses elementos provocadores. Isso vem ao encontro da natureza humana que é instigada por enigmas e tem o desejo de conhecer por que as coisas são como são. Assim se expressa Colom:

> O processo criador da ciência se inicia com o reconhecimento de problemas e culmina com a construção de teorias que, por sua vez, originam novos problemas, entendendo-se por problemas aquele conjunto de ideias suscetíveis de serem resolvidas mediante outras ideias (comprovadas) (2004: 19).

Assim, a situação-problema é, para o ser humano, constante retroalimentação entre o caos, a desordem e a ordem. Nós concordamos, como veremos mais adiante, que a situação-problema pode ser, hoje, um referencial muito importante para trazer os alunos novamente ao convívio do desejo de aprender. Sem problema, também não há ciência. Portanto, para inscrevermos em nossos projetos político-pedagógicos que queremos formar alunos com espírito de pesquisa, supomos que na prática pedagógica as problematizações devem ser presenças constantes. Ainda, de acordo com Colom:

> A solução de problemas – passo primogênio da construção científica – se realiza intuindo possíveis soluções, as quais se reconhece sob a denominação de hipóteses. Ou seja, a narração científica, para comunicar a verdade, requer necessariamente propor problemas e aportar, *a priori*, possíveis soluções (2004: 19).

Ressaltamos, enfim, a importância da teoria (conhecimento historicamente construído e, nas escolas, comumente chamado de conteúdo) como referência e orientação em nosso desejo ilimitado de buscar uma razão de ser para nossa vida, a partir de alguns princípios, tais como conhecer o porquê das coisas. Aqui, também, Colom (2004: 10) nos traz importantes contribuições sobre a necessidade da teoria, quando diz que "da mesma maneira que as narrações objetivas, o discurso científico[1] é o que, por meio da razão, nos dá a razão das coisas". Essa razão, como sabemos hoje, é sempre relativa. O autor (p. 122) acrescenta: "[...] a teoria é, no fundo, o teatro da mente; a teoria é o drama que o homem representa em sua mente quando quer dar conta da realidade". Temos, assim, cada um de nós, a sua teoria, ou seja, a sua maneira de compreender e de explicar as coisas, teoria que, em alguns, assume forma mais complexa e, em outros, forma mais linear. É, de fato, verdadeiro teatro da mente, teatro em que cada um interpreta a vida, segundo a metáfora algumas vezes usada por Colom. Para isso, muitas vezes, tomamos emprestada a teoria dos outros. Em última instância, queremos explicar, à nossa maneira, o porquê das coisas. Segundo Colom (2004: 123), "o homem não estuda a realidade, mas sim cria uma realidade que possa ser estudada com os mecanismos narrativos que o homem possui". E conclui (p. 180): "[...] a teoria não é mais do que um aspecto da necessária paixão pela vida".

Quando olhamos o que vai da Modernidade para a Pós-modernidade, na verdade percebemos que ainda não chegamos a adotar os novos referenciais teóricos que, também, muitas vezes, ainda não se encontram plena-

1. Discurso científico é aqui compreendido como o discurso apoiado em fundamentos teóricos.

mente elaborados, ou não estão ainda claros. No entanto, temos certeza de uma coisa: eles jamais estão acabados. A mudança de paradigma é muito grande e profunda. Passamos do estático ao movimento, do certo ao incerto, da verdade absoluta à verdade relativa, da ordem ao caos. As novas teorias ainda carecem de visibilidade maior, como argumenta Colom:

> Na teoria da relatividade, a ordem, que é movimento, é contínua, determinada e bem definida; em troca, na teoria quântica, a ordem do movimento é descontínua e indeterminada. Ou seja, faz falta uma nova teoria que reflita ambas as posturas de forma coerente (2004: 63).

Essa falta de acabamento, que origina uma certa confusão, é, na verdade, a grande força propulsora do homem para significar-se e ressignificar-se continuamente. A verdade absoluta é o fim, é a morte. A verdade relativa é a mola propulsora para o ser humano ir em busca da sua utopia de querer a resposta última. O não encontrá-la é sempre motivo novo para buscá-la sem parar. Desde os primórdios, é esse o movimento feito pelo homem. E é esse movimento que precisa, também, ser incorporado à prática pedagógica. São as teorias construídas e reconstruídas que nos possibilitam caminhar e dar um sentido ao ser e estar no mundo.

Sem a pretensão de esgotar as reflexões, no final desta abordagem, ficam-nos, como síntese, as ideias a seguir:

Ciência tradicional	Ciência pós-moderna
Ciências humanas fragmentadas das ciências naturais	Ciências humanas e ciências naturais
Verdades acabadas e linearidade	Verdades relativas e complexidade
Racionalidade, objetividade	Subjetividade
Teorias transmitidas e repetidas	Teorias ressignificadas e reconstruídas

1.3 Ser humano: o centro do processo de ensino-aprendizagem

> *Se é com os seres humanos que vamos lidar, então devemos buscar a essência ou a natureza constitutiva desses seres humanos que se colocam diante de nós* (MARTINS & BICUDO, 1983: 33).

No momento em que, na Pós-modernidade, as reflexões se voltam sempre mais para a compreensão complexa da realidade, em que as ciências humanas, sociais e naturais são vistas como sistêmicas, o aprofundamento da reflexão sobre o ser humano é fundamental, pois nossas compreensões partem dele, passam por ele e voltam para ele. Hoje, o centro do processo educativo é o ser humano. É para as pessoas que preparamos aulas. Nunca devemos nos esquecer disso.

Por isso, queremos oferecer algumas reflexões sobre os seres humanos, pois compreendemos que uma das grandes problemáticas da educação sempre foi e ainda é a pouca compreensão e respeito aos desejos naturais da pessoa, que é o sujeito da educação. A análise anterior dos paradigmas da ciência e esta análise do ser humano não são dissociadas. Pelo contrário, estão imbricadas, pois a ciência é dinamizada pela mente humana. A separação que aqui fizemos é apenas para sistematizar melhor a abordagem.

Sem dúvida, os seres humanos somos movidos por motivações, oriundas dos desejos naturais e das necessidades provocadas pelo meio. Como diz Giesecke (1997: 15), "[...] a pessoa humana, desde o seu nascimento, está com a mente aberta para conhecer e apreender o mundo [...]". Como pessoas, trazemos em nosso mundo subjetivo a nossa história cultural, pessoal, social e transcendental, a partir da qual constituímos nossa individualidade. Para a educação, atender o desenvolvimento dessas potencialidades e dimensões humanas é grande desafio. Em sistema educacional organizado em grupos de 30, 40 ou mais alunos por turma/sala, respeitar as individualidades e possibilitar a cada pessoa situações motivadoras de aprendizagem é tarefa extremamente difícil. Esse pensamento também é corroborado por Giesecke (1997: 55): "Aprender é uma atividade individual do sujeito. O aprendente precisa ter motivo pessoal para aprender [...]".

No entanto, o que parece consenso nas teorias da educação na atualidade é que, sem a provocação do desejo, o que incide no respeito, também, da individualidade, o processo de ensino e aprendizagem torna-se ineficaz. Segundo Rosa (1994: 48), "só pensamos sobre alguma coisa quando esta nos parece intrigante, curiosa ou interessante". Olhemos para a história de vida de cada um de nós: Que aprendizagens lembramos da escola básica ou do Ensino Superior, por exemplo, que foram motivadores? Que conteúdos nos marcaram significativamente e são hoje referência para nós? Que práticas pedagógicas foram desenvolvidas que nos motivaram e tornaram a aprendizagem significativa? Pessoalmente, lembramos de situações em que se perguntava ao professor: Por que estou aprendendo isto? Quando, ou onde, vou utilizar isto? Também seria significativo voltar, nesse momento, nosso olhar para fora da escola e nos perguntar: Por que nos motivamos? Quando nos motivamos? Ou não? Em qualquer situação da vida, atuamos impulsionados mais ou menos por alguma motivação.

Inúmeros autores insistem em que não há aprendizagem significativa se não houver a motivação do sujeito, se o conteúdo não for útil (FREIRE, 1997), ou, ainda, se ele não tiver sentido para os alunos (MORIN, 2000) nas salas de aula. Porém, nas atuais práticas pouco mudou em relação ao passado.

De tempos em tempos, surgem, no entanto, referenciais novos que procuram orientar as práticas pedagógicas mais qualificadas. Entre eles, tem trazido muita contribuição para os educadores a pedagogia da problematização. Na opinião de Popper e Eccles (1995: 70), "possuímos uma curiosidade inata geneticamente fundamentada e um instinto de exploração, que nos torna ativos na exploração do nosso meio ambiente físico e social. Em ambos os casos, somos ativos solucionadores de problemas".

Partindo, também, do pressuposto de Freire (1997) de que não há ensino sem pesquisa e pesquisa sem ensino, e que para haver pesquisa necessitamos de um problema a resolver, essa concepção vem ao encontro das teorias de educação contemporâneas. O espírito perquiritório acompanha o desejo humano de encontrar verdades em suas buscas, o que, por sua vez, dá crédito à ciência, que só se justifica diante de um novo campo a ser descortinado. Aqui, também, se legitima a necessidade humana, permeada pela subjetividade, de buscar respostas para as perguntas que, cada vez mais, ficam mais complexas e utópicas como verdades últimas. Segundo Popper, citado por Oliva (1990: 96), "a ideia da verdade confere impulso à pesquisa. O esforço por conhecer e a busca da verdade continuam a ser as razões mais fortes da investigação científica".

Por outro lado, há indicativos bem consistentes de que o sujeito reforça sua motivação interior quando tem pela frente desafios a enfrentar, enigmas a resolver. Ter objetivos para encontrar sentido sempre mais significativo naquilo que buscamos e realizamos é, na verdade, a grande motivação da vida. Sem essa motivação, perde-se o próprio sentido de viver. Assim, a educação necessita apropriar-se desses fundamentos para dinamizar as práticas pedagógicas. Segundo Bordenave e Pereira (2001: 24), "a aprendizagem precisa ser desejada, apoiada no interesse por resolver um problema, detectar os problemas reais e buscar para eles soluções". Isso demonstra a necessidade de criar o desejo, provocar o interesse para que o sujeito perceba que sua ação contribui para dar um sentido a ele próprio, sujeito, e ao contexto, com o qual contribuirá para, como sugere La Salle (Hengemühle, 2004), ajudar as pessoas a "bem viver".

Diante dos avanços das investigações sobre a pessoa, a tônica da necessidade de provocar o desejo, para que o sujeito se motive a realizar algo, torna-se, portanto, sempre mais evidente. González Rey (2003: 21) diz que "as novas teorias definem seu valor pelas zonas de sentido que se abrem e pela viabilidade de ditas zonas na continuidade do pensamento humano". Temos ciência, hoje, de que não há verdades acabadas. E, igualmente, no estágio atual da nossa compreensão, temos a convicção de que nada existe de forma isolada, como sugerem vários autores, entre eles Vasconcellos (2003), quando abordam o pensamento sistêmico. Assim, também, nossas convicções nos levam a aceitar, sempre mais, que o ser humano só se motiva diante de situações que tenham sentido e lhe provoquem o desejo. Por isso, é preciso intensificar a reflexão sobre o próprio ser humano. Algumas considerações nos parecem fundamentais:

- Castoriadis: "[...] **significado** [...] é um pensamento que ativamente se constrói por meio de um sujeito portador de **sentidos**" (GONZÁLEZ REY, 2003: 103).

- Foucault (2004) comenta que, se não retomarmos a **história das relações** entre sujeito e verdade do ponto de vista do que chamo, de modo geral, as técnicas, tecnologias, práticas etc. que as compuseram e regraram, compreenderemos mal o que se passa com as ciências humanas.

- Popkewitz, citado por Silva (1995a), lembra que remover as pessoas da **história** significa fazer com que o mundo pareça determinístico e fora da possibilidade de intervenção.

• Popper e Eccles (1995) afirmam que os organismos podem aprender pela experiência somente se forem **ativos**, possuírem objetivos ou preferências e produzirem expectativas.

• Freire (1997) diz que é preciso **respeitar os saberes** com que os educandos vêm à escola.

• Vygotsky acrescentou o conceito de **situação social** ao desenvolvimento, pelo qual as novas aquisições eram vistas como resultado da confrontação entre as condições internas do sujeito em desenvolvimento, ou seja, o sistema psicológico do mesmo e o caráter das novas influências surgidas nos diferentes momentos do processo (GONZÁLEZ REY, 2003: 79).

• Wertsch e Smolka afirmam que um princípio fundamental na abordagem de Vygotsky sobre o funcionamento mental humano é que **a dimensão social** da consciência é primordial no tempo e de fato. A **dimensão individual** da consciência é derivada e secundária (DANIELS, 1999: 121).

• Bertrand (2001: 27) afirma que [...] o ser humano caracteriza-se pela sua consciência. Esta, cuja semitotalidade dos poderes ignoramos, pode, para alguns, elevar-se a um nível **transcendental**: este constitui um patamar superior da consciência. O ser humano é realmente humano quando a sua consciência assume esta **dimensão cósmica e transcendental**.

• González Rey (2003: 249) enfatiza que a integração do **afeto** na vida psíquica [...] "é o processo pelo qual o afeto ganha sentido **subjetivo** [...]. Uma experiência ou ação só tem sentido quando é portadora de uma carga emocional".

• Assmann (1998: 86) diz que [...] é fundamental incluir [...] a **criatividade individual e coletiva** capaz de inventar e assumir mudanças.

• Justo (2003: 37), apoiado em Rogers, coloca que [...] em vez de se debruçar sobre a "arte de ensinar", concentra-se no mecanismo e nas condições de aprender do aluno: o que deseja aprender [...] e como facilitar-lhe a aprendizagem.

• Lacan: [...] o **desejo** se instala na **separação** entre a **necessidade** e a **demanda** [...], é nesta separação que nasce o desejo inconsciente (GONZÁLEZ REY, 2003: 39).

• González Rey (2003: 41) afirma que o fato de atar o desejo e o inconsciente à **perda ou falta** conduz a universalizar a fonte de ação humana.

• Martins e Bicudo (1983: 20) pregam que são as incertezas e as ameaças que constituem a essência da liberdade. A natureza humana é constituída psicologicamente de tal forma que liberdade e conhecimento científico objetivo são incompatíveis. São as dificuldades, os riscos, as incertezas, os conflitos que permitem ao homem chegar à constituição moral e ao crescimento espiritual.

• Para Habermas, as possibilidades emancipativas estão na possibilidade de uma ação **emancipatória** a partir de processos desenvolvidos nas **práticas sociais**. Habermas analisa as patologias internas e as distorções como emergindo da **dialética da intersubjetividade** (GONZÁLEZ REY, 2003: 52).

- De acordo com Castoriadis (1989a: 32), sujeito pleno é o sujeito efetivo, totalmente penetrado pelo mundo e pelos outros. Não pode existir verdade própria do sujeito num sentido absoluto. A verdade própria do sujeito é sempre participação a uma verdade que o ultrapassa, que se enraíza finalmente na sociedade e na história, mesmo quando o sujeito realiza sua autonomia.

Portanto, a educação, que tem como meta possibilitar ao sujeito o "pleno" (utópico) desenvolvimento de suas potencialidades, precisa respeitá-las na sua prática. Em síntese, segundo os indicativos acima, respeitar o sujeito e integrá-lo em um processo educacional de forma motivada compreende atentar a que o mesmo:

- é ativo, não herda apenas a cultura, mas tem a capacidade de transformar e reconstruir;
- é social, pois é um ser de relações, que não vive no isolamento e cuja mente influencia e é influenciada pelo meio;
- é histórico, pois o seu sentido de ser, compreender e re-construir a realidade também é influenciado por conhecimentos e fatores históricos;
- é transcendental, já que diante da temporalidade e fragilidade da vida busca, na espiritualidade, conforto e respostas para verdades incompreensíveis, não explicáveis em nível humano;

- é individual, pois cada um tem sua história, sua cultura, seu jeito próprio de compreender e de ser;
- é afetivo, necessita do bem-estar consigo e com os outros para motivar-se e estar aberto ao novo;
- tem vontade de conhecer por que as coisas são como são, para encontrar sentido. Por isso busca as verdades quando sente que algo lhe falta, ou algo se perdeu.

Educar respeitando a natureza humana significa desenvolver metodologias e estabelecer relações com os alunos que contemplem essa natureza.

1.4 Entre os paradigmas educacionais tradicionais e pós-modernos

> *[...] o fim último da educação é auxiliar a pessoa a crescer no sentido da humanidade mais plena, da maior realização e atualização das suas potencialidades mais elevadas, da sua maior estatura possível* (MARTINS & BICUDO, 1983: 64).

Após discorrermos sobre os paradigmas da ciência e termos trazido algumas considerações referentes ao ser humano como centro propulsor dos processos de compreensão da vida, para o qual se orientam e a partir do qual emergem nossas discussões sobre a educação e, aqui, mais especificamente sobre a formação e as práticas daqueles que buscam dinamizar processos pedagógicos, os professores, voltamos, agora, nossas atenções para refletir sobre algumas dimensões dos paradigmas da educação e da formação desses professores.

Como ocorre na maioria das atividades humanas, também a educação e as práticas educacionais sempre estiveram sistemicamente imbricadas com as "verdades" e o desenvolvimento apresentados pela ciência, em especial com os conhecimentos produzidos em relação ao ato de aprender e de ensinar. As concepções que levavam aos modelos de compreensão do mundo e do próprio homem também foram as concepções que serviram de referência à educação. Portanto, assim como o paradigma da ciência está imbricado com o ser humano, igualmente o estão os paradigmas educacionais, alguns de cujos aspectos passaremos a considerar.

1.4.1 Breve olhar sobre os modelos tradicionais de educação

> *[...] ensinar não é transferir conhecimento, mas criar as possibilidades para a sua própria produção ou a construção* (FREIRE, 1997: 52).

Muitas das teorias da educação anteriores propunham o divórcio entre o sujeito e o contexto. Conforme as mesmas, aprender era desenvolver a capacidade de repetir verdades já constituídas e universalmente válidas. Embora hoje, muitas vezes, discordemos dessas teorias, não há como negar que foram elas que proporcionaram o desenvolvimento e amadurecimento do processo educativo e trouxeram muitas contribuições.

Por outro lado, ao olhar a história, percebemos que muitos pensadores desenvolveram, já em épocas passadas, significativas reflexões e práticas educativas que concorreram para estabelecer os alicerces educacionais da atualidade. Nesse sentido, podemos buscar em Sócrates, há 2.500 anos, fundamentos que são hoje muito atuais. Berbel, citando a enciclopédia Delta Larousse, afirma que Sócrates:

> Apresentava-se como homem que nada sabe e interrogava sem cessar os atenienses, principalmente os jovens, para destruir a educação adquirida sem reflexão, os preconceitos dissimulados debaixo do disfarce da sofística, e para substituí-los por um saber extraído de dentro do ser humano (1998: 7).

Em Sócrates já encontramos um dos princípios da docência da atualidade que é o de que o saber não é algo que alguém (mestre) transmite à pessoa que aprende (discípulo). Já se encontram, portanto, nesse filósofo, várias semelhanças com os teóricos da atualidade. Mais adiante, Berbel (1998: 7) busca o exemplo de Jesus Cristo e afirma que "Jesus de Nazaré costumava ensinar apresentando situações problemáticas, como quando utilizou a Parábola do Bom Samaritano para que seus ouvintes compreendessem o conceito de próximo". Quando, hoje, dizemos que o conteúdo deve ser significativo, que precisam ser apresentadas situações-problema para provocar o interesse dos alunos e que devemos respeitar a cultura, os conhecimentos prévios dos mesmos, estamos de acordo com a pedagogia de Cristo.

Vamos dar um salto na história e chegamos a Comênio (1592-1670). Como já abordamos em outro texto (Hengemühle, 2004), Comênio, em sua *Didática Magna*, ensina que o professor deve mostrar a utilidade e a aplicação do conhecimento adquirido e fazer referência à natureza e origem dos fenômenos estudados, às suas causas. Por sinal, essa é uma reflexão, também, muito atual. Como também já fizemos anteriormente (2004), lembramos que as orientações de La Salle (1651-1719), quase contemporâneo de Comênio, estabelecem como fim da educação o aprender a "bem viver", e adota como um dos critérios determinantes de suas opções pedagógicas a utilidade para o aluno daquilo "que se lhe ensina".

Voltando a outro pedagogo, também já abordado por nós em 2004, Pestalozzi (1746-1827), que nos ensina que a educação deve favorecer o desenvolvimento físico, mental e moral do educando; que é necessário respeitar a individualidade do mesmo; e que no processo educativo deve haver respeito entre mestre e discípulo. Por sinal, tudo muito atual em nossas discussões. Outro contributo importante (Hengemühle 2004) vamos encontrar em John Dewey (1859-1952). Atribui ele à escola o papel de não comunicar o saber pronto e acabado, mas de ensinar as crianças a adquiri-lo quando lhes for necessário e isso, sobretudo, através da ação. Outra contribuição igualmente de plena atualidade.

Por outro lado, poderíamos, da mesma forma, citar inúmeros pensadores da história da educação que hoje são muito questionáveis, como já abordado acima. Entre eles, aqueles ligados ao behaviorismo e ao racionalismo, como é o caso de Skinner e Descartes. Questionáveis, pois isolavam o sujeito do objeto de aprendizagem. A ausência do mundo subjetivo do sujeito no processo de ensinar e aprender exclui o próprio sujeito do processo. Coloca-o à margem. Ao procurar instruir-se, ele o faz de forma contemplativa e passiva, utilizando e repetindo teorias produzidas por outros. Esse sujeito herda a cultura, não é (re)construtor da mesma. É um sujeito isolado, desassociado do contexto social, a-histórico. A natureza é apreendida como foi compreendida pelos teóricos, e o aluno é apenas um objeto da sua reprodução das informações acabadas que recebeu. Sua função é servir de "depósito" das teorias produzidas por outros e passá-las às futuras gerações, dentro de um processo comportamental controlado. Como comenta González Rey (2003: 155), "a negação da organização constitutiva da psique implica a negação do sujeito e, portanto, de suas histórias pessoais organizadas no nível subjetivo, assim como das histórias dos contextos sociais nos quais tem lugar o desenvolvimento".

Isso não significa, mais uma vez, que se desconsidera as contribuições dos pedagogos passados, particularmente da Escola Nova. Como diz Perrenoud (1999b: 86), foi a partir de todas essas contribuições, significativas ou não, que conseguimos, hoje, ter uma visão mais madura e mais fundamentada do processo educacional. Em uma de suas passagens, o autor assim se expressa: "O debate atual só é possível porque, há um século, os defensores da Escola Nova e das pedagogias ativas questionam as relações entre os conhecimentos e as práticas sociais, o sentido do trabalho escolar [...]".

1.4.2 *Teorias da educação na Pós-modernidade*

> *[...] através da aprendizagem, nós queremos que modelos sejam mudados e aprender novas formas de compreensão* (GIESECKE, 1997: 55).

Se muda a sociedade, se evoluem os referenciais que orientam a compreensão do mundo, da vida e, consequentemente, do próprio ser humano, há a necessidade de atualizar, também, as teorias da educação. Estamos hoje diante de um quadro em que as teorias clássicas, impregnadas de verdades absolutas e de certezas indubitáveis, vêm sendo gradativamente substituídas por concepções que se abrem ao campo da relatividade e da complexidade, como já vimos. Na opinião de Arouca:

> Cabe redimensionar a atual prática docente fundada em aula, memorização, cópia; se a educação de qualidade deve ser construtiva e participativa, o aluno não vem à escola ou à universidade para ser objeto de aprendizagem. Ao contrário, ele vem para participar do processo construtivo de conhecimento, tanto quanto o professor, resguardadas as devidas proporções (1995: 8).

Esses princípios precisam ser respeitados para que possamos respeitar a natureza humana na educação. A ordem/desordem da vida precisa ser integrada na educação. Segundo Colom (2004: 151), "essa é a dialética que deve ser incorporada à teoria da educação: estabelecer uma educação para a não previsibilidade (caos), dotada, ao mesmo tempo, de múltiplas informações (ordem)". Não são portanto conhecimentos lineares e verdades acabadas que precisam ser passadas, mas a complexidade da vida há de ser abordada, reconstruída e compreendida.

Junto com os novos paradigmas do pensamento científico, deparamo-nos hoje com um novo problema: da qualidade de vida do ser humano. Por um lado, ele se sente acoçado pelo sistema econômico e preocupado com sua própria sobrevivência; e, por outro, está apreensivo com a sobrevivência do próprio planeta. São problemas que demandam pessoas competentes para desenvolver nova atitude, de respeito à vida em todas as suas dimensões. Conforme Bertrand (2001: 231), "[...] a educação deve ser repensada, já não a partir de uma grelha industrial e sim a partir de uma visão mais global da evolução. A educação deve servir para inventar um futuro novo para o nosso planeta".

Necessitam-se, portanto, de pessoas capazes de responder a esses desafios. Quando olhamos para as teorias tradicionais da educação, segundo as quais o professor era um detentor de conhecimentos herdados e tidos como verdadeiros e o aluno um receptáculo e repetidor dos mesmos, e quando nos fixamos na realidade atual, percebemos que esse sujeito de hoje já não consegue mais conviver e ser agente dentro dessa sociedade que se foi desenvolvendo. Diante disso, Colom define a escola do futuro:

> Será a verdadeira escola para a vida se, graças à sua informação multivariada e constante, for capaz de dotar-se de capacidade antecipatória, de tal maneira que a utilização da informação

> sirva para projetar novas ordens, a fim de enfrentar com êxito e eficácia situações futuras que, pela informação manipulada, se veem como previsíveis (2004: 178).

Hoje muda, e em muito, o foco da escola. Depois de haver sido transmissora de conhecimentos verdadeiros, nesses tempos de informações múltiplas e voláteis, ela necessita dar um sentido a esses saberes – clássicos e contemporâneos – para que os mesmos possam ajudar os alunos a compreender a vida e a resolver os problemas. Podemos incorporar a essas reflexões uma sugestão de Dewey (1972) quando diz que precisamos ensinar apelando para as capacidades que o aluno já possui, dando-lhe, ao mesmo tempo, tanto material novo quanto seja necessário para que ele reconstrua aquelas capacidades em nova direção, reconstrução que exige pensamento, isto é, pensamento inteligente. E completa o autor (1972: 29): "a educação não é preparação nem conformidade. Educação é vida, é viver, é desenvolver, é crescer". Portanto, estaremos diante de uma escola e de uma prática pedagógica de vida, voltada para a promoção da vida.

Por outro lado, a escola, que se originou como local do ócio, é hoje, na maioria das vezes, lugar de suplício, onde as pessoas vão para receber coisas insignificantes, e onde se encontram desmotivadas, cumprindo, na verdade, um ritual imposto pelo contexto. Colom, ao comentar a escola da Pós-modernidade, assim se expressa:

> [...] uma escola que se fundamente em situações caóticas, exatamente com a realidade que

> pretende estudar – requer forçosamente que seja, ao mesmo tempo, uma escola do prazer e da paixão; uma escola em que o prazer se transforme em ação, em que o desejo seja satisfeito e em que a paixão oriente o conhecimento (2004: 180).

Essa educação e essa escola necessitam de novas teorias que as orientem. Certo é que, como já frisamos, na Pós-modernidade, essas teorias não estão jamais acabadas. No entanto, acompanha-nos a certeza de que qualquer teoria que vier ao encontro das necessidades humanas e atenda aos desejos humanos, que respeite a pessoa e o meio, que se proponha buscar respostas para os enigmas do mundo-vida, em uma realidade cambiante e complexa, é uma boa teoria para a educação. Diante desse quadro, alguns referenciais, como os que nos apresenta Bertrand (2001), são significativos para fundamentar as novas teorias. Afirma ele (p. 161): "[...] significa estabelecer laços entre o conhecimento científico, desligado das realidades, e o conhecimento do senso comum". Ou ainda, como sugere Mosquera:

> A urgência de compreender melhor o inter-relacionamento dos seres humanos, assim como as suas expectativas e níveis de interesse, tem levado nestes últimos anos a um aprofundamento radical nos estudos éticos e morais, ressaltando deste modo uma nova e promissora perspectiva para o crescimento e educação das futuras gerações (1977: 128).

É fundamental que o conhecimento científico, ou a teoria, juntamente com os valores éticos e morais, sejam referência significativa para compreender o mundo e/ou resolver os seus problemas.

Bertrand (2001: 162) oferece, por sua vez, uma reflexão sobre a função do educador diante desse modelo de educação: "o papel do educador consiste em dialogar escolhendo casos concretos e propor instrumentos com os quais o indivíduo se forma e aprende a falar a si mesmo do seu mundo". Isso nos remete a nova formação dos educadores, e, antes, à formação dos seus formadores, conforme um modelo também diferente daquele adotado na Modernidade. Mais importante contribuição oferece Bertrand (2001: 111) quando diz que "[...] se aprende mais uma teoria estudando-a menos e praticando-a mais". Essa parece-nos uma boa sugestão para os atuais professores do Ensino Superior, muitos dos quais levam à sala de aula textos teóricos excelentes, passam o semestre falando dos conhecimentos teóricos e, na sua prática – metodologia e avaliação –, ainda continuam com modelos que eles mesmos criticam.

Muito se tem falado, nos últimos anos, de que precisamos formar sujeitos que tenham pensamento crítico. Em boa hora, Bertrand (2001: 177) questiona: "encontramos muito poucas respostas à seguinte pergunta: como ensinar de forma crítica?" Na verdade, por enquanto, também, quando, na educação, falamos em formar indivíduos críticos, ainda há muito discurso e pouca prática. Um exercício que temos feito, nos últimos anos, com professores, sobre temas que estão presentes em todos os projetos pedagógicos das escolas, é o de lançar-lhes questões como: que conceito você tem de aluno crítico? Que metodologia e avaliação você desenvolve para formar esse aluno? Nesse exercício, os professores percebem o quão limitados estão os seus conceitos e quão distante está a sua proposta da sua prática.

Outro tema que aparece constantemente na educação, nos últimos anos, é o da necessidade de sujeitos criativos. O mesmo exercício anterior revela as dificuldades dos professores. Também Colom critica a educação e a escola que excluem e expulsam os alunos criativos do seu meio, por serem incômodos a quem continua com as velhas práticas. Segundo esse autor (2004: 168), o aluno criativo, pelo seu perfil, desejos e necessidades, precisa de um ambiente formativo diferente do atual: "os criativos costumam ser indivíduos abertos, integradores, que toleram as tensões e que se sentem muito bem em ambientes indefinidos [...]". Olhando para nossas salas de aula, certamente poucos ambientes oportunizam a formação de uma pessoa criativa.

Muitas buscas têm sido feitas nas últimas décadas para mudar esse quadro educacional e as alternativas encontradas têm sido aceitas de forma bastante consensual entre os teóricos pós-modernos. Um desses consensos é a necessidade de respeitar os conhecimentos prévios dos alunos. Muitos autores têm trazido importantes contribuições nesse sentido. Também no que respeita a essa questão, buscamos um referencial em Bertrand (2001: 69) quando esse autor diz que "[...] o estudante vai elaborar o seu saber numa interação entre as suas concepções preliminares e as informações que pode encontrar graças a ela". Parece que as novas teorias da educação estão assumindo a realidade de que o ser humano não é fragmentado, mas que é necessário haver uma relação sistêmica entre a cultura, a convivência social, a história dos alunos e a nova situação (teórica) que almejamos que o aluno incorpore para melhor compreender o mundo-vida.

Outro tema que, nas últimas décadas, tem chamado a atenção de teóricos, como Paulo Freire (1997), é que o novo conhecimento (teoria, conteúdo) precisa ser útil para os alunos. Ouvimos constantemente que aquilo que se aprende na escola deve ser útil, ou ter sentido na vida. Inúmeras vezes perguntamos aos professores se eles se mostrariam motivados e desejosos de aprender uma coisa nova se essa não tivesse utilidade e nem sentido para eles. O que queremos, com esta reflexão, é demonstrar que o aluno também é um ser humano e que, para motivá-lo, os educadores devem ser criadores de situações que provoquem no aluno o desejo nos alunos. Na opinião de Colom (2004: 71), "[...] no relativismo do momento, qualquer linguagem nos será válida se nos for útil. O saber transforma-se então no sustento da informação que é, por sua vez, o determinante da nova sociedade".

Aprender um conhecimento útil, e dar-se conta de que com esse conhecimento podemos compreender melhor a vida e contribuir para a solução dos problemas do mundo, é, com certeza, um provocador de desejo no aluno. Também Bertrand traz inúmeras reflexões nesse sentido. Em uma delas, o autor diz (2001: 124): "os estudantes aprendem melhor se virem para o que é que isso pode servir-lhes na vida [...]". Unir a teoria e a prática, fazendo com que a teoria ajude a compreender e a transformar a realidade, e a prática teste, corrobore, ou questione a teoria, são referenciais das novas teorias. Ainda acredita Bertrand (2001: 182) que "[...] uma pedagogia tem êxito quando se transforma numa práxis social de autodesenvolvimento, isto é, quando está centrada na transformação da vivência dos estudantes".

Parece-nos que fica bastante evidente que não podemos mais continuar a disjuntar teoria e prática, a excluir da escola e da educação a vida que fervilha nas mentes juvenis, e que é preciso buscar práticas pedagógicas em que as teorias historicamente construídas sejam significativas, tenham sentido para os alunos, ajudando-os a compreender as situações do contexto e a resolver os problemas. Se os conteúdos não tiverem utilidade e nem sentido, então por que os ensinamos? Temos consciência de que hoje não carecemos mais tanto de dizer aos futuros professores "o que" devem fazer, pois existem múltiplos referenciais que já nos orientam. Precisamos, isso sim, exercitar os futuros professores, a partir da teoria, no "como" fazer.

Em suma, sem esgotar a temática, sintetizamos, abaixo, significativos pensamentos teóricos referentes à educação em diversas dimensões:

- as verdades, por mais amplas e profundas que sejam, não são absolutas e acabadas, mas sempre relativas e em (re)construção;
- o sujeito não é "tábula rasa", mas sim alguém impregnado de dimensões culturais, sociais, históricas e transcendentais;

- cada pessoa é única;
- o conhecimento não se produz somente no mundo objetivo, mas nasce entre as dimensões externa e interna (subjetividade) de cada indivíduo;
- para haver a motivação e para que o desejo interior de aprender possa ser suscitado, o novo conhecimento deve ter sentido e ser útil para o sujeito;
- a pessoa é movida pela busca de compreender por que as coisas são como são e é instigada pela curiosidade de buscar soluções para os enigmas e problemas;
- o sujeito tem a necessidade de investigar a realidade, de compreendê-la à luz dos conhecimentos historicamente produzidos;
- um dos grandes instigadores da motivação humana é o confronto com os enigmas;
- a pessoa constrói o seu sentido de vida no constante exercício desafiador entre compreender as situações e resolver os problemas do seu contexto, apoiada nos saberes já constituídos e, ao mesmo tempo, tendo a possibilidade de construir novas teorias, ou seja, novos referenciais que possibilitem a compreensão de situações e a solução de problemas sempre mais complexos.

1.5 O professor e sua formação ao longo da história

> *[...] durante muito tempo predominou uma concepção na pesquisa pedagógica dos professores que os reduzia a um elemento*

> *passivo dentro de um sistema educacional. [...] Os professores ficavam reduzidos a objetos a serem modificados, seja mediante pressão ou por força da lei, mudando suas condições de trabalho ou mediante a persuasão* (CONTRERAS, 2002: 229).

Assim como os paradigmas da educação, ao longo do tempo, desenvolvem-se e procuram, por assim dizer, viabilizar ou concretizar o pensamento científico, através da criação de bases pedagógicas e, em consequência, bases didáticas para orientar as práticas pedagógicas, assim também os professores, artífices da dinamização da prática educacional, vão constituindo sua história. Desde os tempos primitivos, essa profissão vem se constituindo e sendo constituída, em geral, pelas classes sociais mais abastadas, a cujos interesses, na maioria das vezes, precisa servir. Para compreender a formação e a realidade dos professores hoje faz-se mister compreender o processo histórico que os formou e os constituiu.

Na história, poderíamos afirmar, em termos genéricos, dois grupos sempre mantiveram o poder: os que dominam a economia, estreitamente conectada à política, e os que detêm o conhecimento (aqui compreendido como o conhecimento científico). A história dos professores se confunde com esses segmentos, não tanto como artífices deles, porém mais como atuando a seu serviço. Os professores, em grande parte da sua história, ajudaram, de forma explícita ou implícita, a manter o poder econômico e político, e, por outro lado, também contribuíram para difundir o conhecimento científico em nome daqueles que o elaboraram, os teóricos. Em momentos de crise, quando a sociedade já não era mais capaz de fazê-lo, igualmente foram solicitados a formar os alunos nos valores morais. Muitas vezes, também, principalmente nos começos da história, os professores eram aqueles que preenchiam o tempo dos iniciantes (crianças e jovens), muitas vezes porque os responsáveis (pais [...]) não tinham condições de fazê-lo.

Percebemos, assim, que na história do professor, tanto no que tange à concepção da profissão, como na sua formação, muitos aspectos, ainda hoje, estão presentes. No entanto, é importante frisar que a formação e as práticas pedagógicas dos professores foram, de maneira muito significativa, influenciadas pelos avanços da ciência, ou seja, do pensamento científico. Constata-se de forma bastante clara que, nesta relação, há um processo sistêmico. As partes não estão isoladas; há complementaridade entre a ciência, o pensamento científico, de um lado; e a educação, os professores, de outro. Por isso, não é mais possível fazer análises separadas. Quando, a seguir, disjuntamos os momentos históricos das concepções e formação do professor, fazemo-lo para uma melhor sistematização. O que precisamos dar-nos conta nesse momento é que a realidade do professor hoje não é consequência do acaso. Muito pelo contrário, sua situação de vida, suas práticas estão intimamente ligadas às situações históricas de organização social e do pensamento científico.

Isto posto, queremos traçar rápido esboço do papel e da formação do professor na história. Resgate evidentemente parcial, pois a história da formação dos professores é muito ampla. O objetivo é arrolar aspectos, e só aspectos, da linha do tempo histórico para melhor compreensão das concepções, formação e práticas da atualidade.

1.5.1 Educação primitiva

Desde os primórdios, quando o homem começa a viver em sociedade, percebemos a necessidade de educar, de orientar aqueles que precisavam ser iniciados ou incluídos no convívio social. Para ilustrar a realidade desta época, trazemos o pensamento de dois autores. De acordo com Piletti:

> Embora todos os homens participassem das cerimônias de iniciação, havia determinadas pessoas às quais cabia a direção das mesmas. Essas pessoas eram denominadas, segundo os diferentes casos, feiticeiros, curandeiros, xamãs, esconjuradores ou homens que consultam os espíritos familiares. Constituem os professores mais primitivos (1988: 45).

O segundo referencial, buscamos em Monroe:

> Inicialmente, esta classe é formada pelos chefes de grupos familiares; mas, como os deveres do pai se tornaram múltiplos e este culto dos espíritos amigos se torna mais complexo, constituiu-se um sacerdócio especial. Há, então, um esboço de instrução para o povo em geral, dada pelo sacerdócio; e uma instrução mais elaborada e formal dos futuros membros do sacerdócio, ministrada pelos atuais mem-

> bros da classe. Estes últimos são os primeiros professores profissionais. Por vários séculos, o ensino permanece como um direito especial do clero, e, por muitos séculos mais, a educação é orientada e dirigida unicamente por ele (1983: 9).

Como se constata nesses dois extratos, o surgimento da função do professor se deve ao fato de haver necessidade de complementação e de ajuda na formação das crianças para as famílias, buscando uma melhor inserção social.

1.5.2 Educação clássica: gregos

A educação grega antiga, como é sabido, inicia com o período homérico correspondente aos tempos pré-históricos descritos por Homero; passa pelo período cívico, que corresponde à época das cidades-estado, entre as quais se distinguem Esparta e Atenas. Nesta, desenvolve-se primeiro uma educação antiga (séculos VII e VI a.C.), depois a nova (século V a.C.) e, finalmente, a helenística, quando a Grécia é dominada pela Macedônia, e a cultura grega, por um lado, se irradia e se enriquece de novos valores, mas, por outro, perde a intensidade da Época Clássica.

Inicialmente, os educadores eram particularmente os poetas, Homero em primeiro lugar. No século V a.C., Atenas tornou-se economicamente poderosa, culturalmente mais ilustrada e politicamente mais democrática, com maior participação ainda na vida pública. Essas circunstâncias exigiam a presença de pessoas para o exercício da vida política. Foi quando apareceram os educadores chamados sofistas. Conforme o ensinamento de Marrou (1975: 85), eles foram "os primeiros professores de ensino superior, quando a Grécia conhecia apenas treinadores esportivos, mestres de artesanato e, no plano escolar, humildes mestres-escola". Eles são, realmente, os primeiros profissionais do ensino, porque foram os primeiros a ensinar mediante retribuição pecuniária, de valor variado. Para poder exercer a profissão, desenvolveram ampla cultura geral, exercitaram a arte da dialética entendida como embate de ideias, e a retórica, enquanto expressão artística das ideias em jogo.

A eles seguiram os mestres clássicos propriamente ditos: Sócrates, Platão, Aristóteles.

Na época helenística da educação grega, o professor primário, o "humilde mestre-escola" de que fala Marrou:

> Tem remuneração algo melhor que o professor. Aqui e ali, recebe algum estímulo, como imunidade fiscal. Há discípulos que os cercam de "respeito repassado de gratidão". Mas, em geral, a sociedade faz pouco caso dele. Paga-o mal e, muitas vezes, irregularmente. Isso pelo caráter ao mesmo tempo muito elementar e rotineiro da pedagogia antiga. Também pelo fato de ensinar constituir um "ofício", no sentido comercial e servil da palavra: faz-se mister correr à clientela, fazê-la pagar-lhe, coisas estas todas desonrosas aos olhos dos aristocratas que seguiam sendo os gregos. Mas, sobretudo, o ofício de instrutor não é considerado, porque, no fundo, não supõe qualificação

> especial. Em nenhuma parte trata-se de exigir dos mestres uma formação profissional análoga à que proporcionam nossas escolas normais atualmente: a lei escolar de Mileto, tão preciosa por sua minúcia, mostra-nos como se faziam as eleições para o cargo; não se exige do candidato nenhum título, e os eleitores são simplesmente incumbidos de escolher, conscientemente, "os mais capazes de ocupar-se com as crianças". Não se exigia dos mestres, parece, nenhuma garantia a não ser do ponto de vista moral, caráter, honorabilidade: tecnicamente, quem quer que houvesse aprendido a ler era considerado capaz de, por sua vez, improvisar-se em mestre, bastava pôr em prática suas recordações de infância (1975: 230-231).

Qualquer semelhança entre essa época e a de hoje pode ser mera coincidência. No entanto, como percebemos nas informações de Marrou, também no período helenístico da educação grega o professor tinha pouca importância e a sociedade fazia pouco caso dele. A sua formação era limitada, e o seu ganho financeiro também. Mas chama a atenção o fato de se exigir dele um bom caráter, moral e honorabilidade, fatores, até hoje, importantes, para quem orienta a formação das novas gerações, principalmente nessa época de crise, sobretudo de valores na família e na sociedade.

1.5.3 Educação romana

Nessa caminhada histórica da formação e concepção dos professores, chegamos à educação romana. Trazemos, aqui, também, a informação de dois historiadores da educação para compreendermos o mestre no contexto educacional dessa época. De acordo com Galino (1988: 296), Quintiliano (30-100 d.C.), autor de *Instituciones oratorias*, prescrevia: "quando o menino tiver a idade requerida, será entregue aos mestres de retórica (para ser formado como orador que, para Quintiliano, é o ideal de pessoa a educar), cujos costumes será a primeira coisa a examinar".

Dentro do próprio contexto, das buscas e necessidades da sociedade romana, também aqui aparece como primeira condição para o exercício do magistério a mesma exigida do mestre helenístico: a integridade moral. Marrou lembra que, nos tempos de Império Romano, conforme o testemunho de Plínio:

> Muitas cidades mantinham escolas públicas, municipais: "O interesse voltado pela sociedade ao ensino tornou-se tão vivo e tão consciente, que, cada vez mais, parece necessário a toda cidade importante possuir escolas públicas, providas, mantidas e supervisionadas pela municipalidade", o que significa professores contratados e pagos pelo poder público[2] (1975: 466).

2. Mileto e Teos são exceções no mundo helenístico. Ali "as escolas se tornaram públicas". "O mestre, eleito pela assembleia dos cidadãos, participa da dignidade de magistrado público". "O salário dos mestres está inscrito no orçamento da cidade e é pago pelos tesoureiros municipais conformemente a um minucioso estatuto" (MARROU, 1975: 230).

Depois do que ocorrera, sobretudo na Pérsia e em Esparta, também no Império Romano, portanto, verifica-se certa oficialização do ensino, com o Estado influindo em seus objetivos e conteúdos, na designação dos mestres e colocando a educação a serviço de seus interesses. E dizer que as cidades importantes mantinham escolas oficiais significa dizer que contratavam e pagavam professores.

1.5.4 Idade Média e início da Renascença

Com os avanços dos anos, aparece clara, se não ainda a prática comum, pelo menos a preocupação não apenas com a inteireza moral, mas também com o domínio dos conteúdos a ensinar e o preparo técnico para fazê-lo. Nessa evolução, Giles destaca o exemplo de Guarini:

> Apesar dos inegáveis avanços no processo educativo realizados pelos humanistas, havia um setor que nenhuma teoria tinha abordado, a saber, a preparação dos próprios mestres. Na maioria dos casos, eram malpreparados, tanto do ponto de vista da cultura, como sob o aspecto técnico-pedagógico. Guarini (Guarino Guarini, humanista italiano: 1370-1460) tenta sanar essa lacuna [...]. Dentro da tradição de Quintiliano, recém-redescoberto, elabora tratados para ajudar a orientar os mestres [...]. Graças aos esforços dos humanistas, e principalmente de Guarini, entram mais algumas exigências no programa educativo, mas sobretudo a de mestres altamente cultos e pedagogicamente preparados. Como ideal, esta con-

> tribuição está presente para ser desenvolvida por uma futura geração de educadores, pois pouca ressonância teve de imediato (1987: 100-102).

As universidades medievais contribuíram significativamente no preparo mais rigoroso dos mestres e o controle desse preparo. Ullmann (2000: 169-170), utilizando o exemplo da França, referência cultural do mundo nessa época, diz, sinteticamente, como tal controle ocorria na universidade paradigmática do tempo, isto é, na de Paris:

> Dentro dos graus conferidos por Paris (isto é, a Universidade de Paris) – e isso se estende às demais universidades do medievo – arrolam-se os seguintes: a) o *baccalaureatus* [...] era adquirido depois de um exame perante três ou quatro mestres. Esse título facultava ser assistente de um professor universitário, ministrar certas *lectiones* e intervir nas *disputationes* [...] b) O grau seguinte, mais elevado, era a *licentia docendi,* a qual o candidato obtinha depois de lecionar, durante dois anos, sob a orientação de um mestre, e depois de submeter-se a um júri de professores, que avaliavam uma *lectio* do licenciando e lhe propunham diversas questões a serem resolvidas [...]. Se aprovado, recebia a *licentia ubique docendi* no mundo cristão, sem supervisão de quem quer que fosse. c) À *licentia* seguiam-se os títulos máximos de *magister e doctor* [...].

1.5.5 Século XVI

Para ilustrar esse período, nos socorremos de alguns comentários de Eby (1978: 96-97), ao fazer uma análise da formação e da prática dos professores, tendo como referência a Ordem dos Jesuítas. Segundo o autor:

> A Ordem dos Jesuítas pôs em execução planos para o preparo de professores, "de forma que seus professores receberam a mais perfeita formação possível para habilitá-los para sua tarefa. Os métodos de instrução deviam ser absolutamente uniformes para todos os professores: as variações em relação ao padrão estabelecido arruinariam todo o seu sistema. Com o objetivo de garantir a eficiência neste sistema imutável, os professores deveriam ser treinados com a máxima precisão. À Ordem dos Jesuítas deve ser atribuída a introdução da prática de formação de professores, e seus métodos de preparação podem bem ser estudados para aplicação em todas as instituições de formação de professores. O candidato à admissão na Sociedade era usualmente aceito para treinamento depois de completar o colégio inferior. Passava, então, dois anos como noviço sob disciplina moral e espiritual, para adquirir capacidade de autocontrole. Depois de completar seu noviciado, o candidato voltava à escola por um período de três anos, dependendo da qualidade e da extensão de sua formação anterior, e durante este tempo revia os assuntos que devia ensinar. Através do primeiro estágio de sua formação, observava os métodos empregados pe-

> los melhores instrutores. Este período, conhecido como o juniorado, era seguido por três anos de estudo de Matemática, Ciência e Filosofia na universidade. Completado o período de formação, o noviço começava a ensinar num colégio inferior. Estava sempre sob a vigilância de seus superiores, e recebia correção e encorajamento. Depois de três ou quatro anos de ensino, o candidato entrava na casa de estudos de sua província, onde, durante quatro anos, estudava Teologia. Depois que terminava com sucesso esta parte, era aprovado para a ordenação.

Os estágios, o início da vida profissional em escolas de Educação Básica, embora feitos com menos disciplina do que os daquela época dos inícios jesuíticos, são referenciais praticados até nossos dias.

Pedagogicamente importante, no período humanístico, foi Vives (1452-1540). Capitán assim resume a visão que este pedagogo espanhol tem do mestre, dentro de seu tempo:

> A teoria de Vives sobre o mestre não é original; nela se conjugam o antigo ideal do "retor" (do orador, em Quintiliano e Cícero), habilidade e bondade, e a ideia do "magister" (em Santo Agostinho e Santo Tomás de Aquino), como princípio "cooperante" do magistério de Cristo, ou "coadjuvante" no processo educativo (1984: 370).

Mais adiante, o mesmo autor caracteriza as competências e habilidades que, segundo Vives, devem identificar os professores:

> Os traços caracterizadores do mestre se resumem nestas palavras do Tratado do ensino (livro II, capítulo I): "Os mestres possuam não só a devida competência para instruir bem, mas também tenham a faculdade (capacidade ou curso?) e habilidade convenientes, e brilhem por sua pureza de costumes. O mestre não terá, apenas, bons costumes comprovados; será, também, prudente. Tenha a habilidade adequada à arte que professa e ao tipo de ouvintes que recebeu para instruir, para que, quanto melhor Ihes ensine, com tanto mais proveito eles acolham o que lhes ensina". Por estes e outros textos, é fácil catalogar as características desejadas de um bom educador em científicas, referentes ao saber, técnicas, ou do saber fazer, e vocacionais, referentes a seu modo psíquico e moral de ser, orientado intencionalmente à comunicação da verdade (1984: 370).

A destacar, neste texto, como Luís Vives já propugna pelo atendimento diferenciado do aluno. E como, do ponto de vista de nosso estudo, ele já apresenta um conceito integral da formação do mestre, pedindo que este tenha preparo quanto ao saber, ao fazer e ao ser.

1.5.6 Século XVII

Também, a partir de alguns autores, procuramos trazer alguns elementos da realidade dos professores nesta época. De acordo com Capitán (1984: 507), "Locke (educador do *gentleman* inglês: 1632-1704) valoriza a formação moral do preceptor mais que seu grau de instrução". Um outro autor, Grosperin, enfatiza que, na França, nesta época,

> muitos professores primários ainda não têm formação (não há escola normal, nem faculdades de educação): para o jovem que não herdou terras suficientes ou uma oficina de artesanato, o magistério, mau grado o salário, era função honrosa e garantia de nível de vida ao menos decente (1984: 46).

Ainda, de acordo com Vial, no século XVII,

> o preparo profano, sobretudo no interior, não é tão importante, porque, em síntese, o mestre é: um agente paroquial e real. À disposição da comunidade aldeã; leitor dos proclamas, também dos oficiais [...] um sacristão [...] um catequista [...]. É [...] inclusive, um ensinante (1980: 34-37).

E quem escolhe o professor? Grosperin (1984: 31) responde pelo que ocorria sobretudo no interior da França. Ali "a escolha do mestre [...] é geralmente deixada à decisão da comunidade ou do pároco, ou partilhada entre os dois de forma mais ou menos clara".

Olhando a história até esse momento, percebemos que, no conjunto, a função do professor está indefinida e a sua formação limitada. Um dos personagens que deu significativo impulso a essa formação em nível de primário foi La Salle, que viveu neste século, e que fez abrir escola de preparo de mestres para todos os efeitos. Sobre ele, destaca Hengemühle (2000: 148-150) que, referente ao currículo de formação do professor, os autores de história da educação destacam que La Salle inclui, nele, conteúdos teóricos, treinamento prático e formação religiosa[3].

1.5.7 Século XVIII

Na segunda metade do século XVII e na primeira parte do século XVIII, é importante citar a figura do educador pietista Francke (1663-1727). Dele diz Bowen que:

> conseguiu novos avanços no relativo ao preparo dos mestres, e já em 1696 dirigia diariamente sessões de duas horas para seus mestres da escola elementar, que eram, com frequência, estudantes dos primeiros cursos da Universidade Friedrich; a este tipo de discussões chamou de *Seminarium praeceptorum* (seminário para mestres), estendendo essa prática, em 1707, aos mestres do Pädagogium[4] e da escola de latim (1992: 223).

Em nível superior, com relação ao tema que nos ocupa, merecem ser citadas também as universidades de Göttingen, cujo seminário filológico foi descrito como "um quase colégio de formação que fornecia a toda a

3. Henrique Justo (2003: 319 e 320) demonstra ser São João Batista de La Salle o criador da primeira escola de professores, como escola de aplicação.

4. Escola de gramática latina para filhos de famílias em boas condições econômicas.

Alemanha do Norte os mestres mais qualificados", e de Königsberg, na qual

> todos os professores deviam submeter-se a um ciclo rotativo de lições sobre pedagogia, já que, nessa época, já existia, na Prússia, um movimento sério em favor do preparo profissional dos professores. A Kant coube fazê-lo no ano acadêmico de 1776-1777 e dez anos mais tarde, em 1786-1787) (BOWEN, 1992: 278).

Grande personagem do mundo da educação deste século é Pestalozzi (1746-1826). Em 1799, transladou-se a Burgdorf, importante centro de suas experiências pedagógicas. Ali, conforme ainda Bowen (1992, p. 292), "apoiado pela patriótica sociedade dos amigos da educação, que estava planejando um colégio de mestres nacionais para preparar professores para a nova república suíça, converteu-se no personagem central".

Ligado a nosso tema de estudo, é ainda interessante registrar que a Revolução Francesa, durante o período da Convenção, mais precisamente em 1795, entre outras coisas criou, com o nome de *École normale,* instituição que, já antes, Francke e La Salle haviam organizado com o nome de *Seminário para Mestres*. Observado o esclarecimento de Bowen (1992: 25), a saber, que, no caso, "o termo normal foi derivado de norma, o padrão com que são julgadas outras coisas".

1.5.8 Século XIX

Bowen (1992) e Palmer (1975) informam que, na França, sob Napoleão Bonaparte, quando o ensino e educação foram submetidos nacionalmente à Universidade Imperial, exigiu-se que, dali em diante, todos os professores públicos "estivessem munidos de um certificado estatal", embora tal prescrição tivesse sido observada rigorosamente só nos níveis secundário e superior.

Destacamos, também, neste século, a influência que exerceu, no preparo dos professores, o pedagogo Herbart (1776-1841), considerado o fundador da "pedagogia científica". Bowen nos cientifica de que

> Herbart trabalhou exclusivamente dentro dos limites da universidade, especialmente no curso de preparação de mestres que fazia funcionar, e que era conhecido como seminário pedagógico. Aliás, no fim do século, o preparo dos mestres está dominado pelo herbartismo. Na Universidade de Jena, Wilhelm Rein, a partir de Herbart, estabelece os cinco passos para o desenvolvimento científico de uma aula: preparação, apresentação, associação, generalização, aplicação (1992: 305).

O mesmo Bowen (1992: 401) traz a realidade da Inglaterra nessa época: [...] havia pressões, vindas "de dentro das próprias escolas, por parte de número crescente de reformadores preocupados, dedicados à [...] profissionalização da vocação magisterial". Referindo-se ao que, particularmente neste século, sucedeu nos Estados Unidos da América, com relação ao tema que nos ocupa, o mesmo Bowen comenta:

> O sistema norte-americano de educação teve, desde seu início, como parte vertebral, a pre-

> paração de professores. Como noutras instituições, a primeira escola normal teve, nos Estados Unidos, caráter privado. [...] Algumas academias tomaram a seu cargo o preparo de professores. [...] Incrementaram-se os estudos pedagógicos, durante este período. O desenvolvimento alcançado nas instituições de ensino secundário trouxe consigo a patente necessidade de formar professores adequados a este nível pedagógico (1992: 401).

Eby o complementa, dizendo que, especialmente nesta relação do Norte,

> o progresso na formação de professores participou do aumento generalizado do interesse pela educação e da expansão do conhecimento em todos os setores. Pelo fim do século, os professores de jardins de infância eram os mais bem preparados para o desempenho de suas funções, tanto na teoria quanto na técnica. A seguir vinham os professores de escolas elementares que haviam frequentado boas escolas normais. Os professores das escolas secundárias diplomados pelos colégios (superiores) conheciam melhor o conteúdo, mas tinham pouco ou nenhum preparo profissional. A formação de administradores (escolares) estava apenas começando (1978: 588-589).

É nesse período, também, que surge, no Brasil, a primeira escola normal. Mais precisamente em Niterói, onde foi fundada em 1835.

1.5.9 Século XX

E, assim, chegamos ao século XX. Nesse período, ainda segundo Bowen (1992, p. 582), mesmo num país europeu, como a Espanha, "até a Proclamação da Segunda República, em 1931, [...] 57% dos professores estavam totalmente sem preparação e qualificação [...]". Na Itália (p. 591) a reforma Gentile (1923) pensou na "elevação do preparo dos mestres, mediante a introdução do *Istituto Magistrale Superiore* [...]". Na Rússia (p. 619), em 1918, "na preparação dos mestres, introduziu-se um sistema dual, com escolas normais de um ano, para preparar professores primários, e institutos de professores, destinado a habilitar mestres de primário superior".

Quanto aos Estados Unidos, quem informa é, novamente, Eby (1978: 589): gradativamente, após 1900, os requisitos para os diplomas de professores foram aumentados e padronizados. Exigia-se, em geral, diploma de escola normal ou alguma instrução colegial. Cada vez mais, era referência de conhecimento profissional, assim como de outro saber, pelos órgãos do Estado que concediam certificados.

Entre 1910 e 1930, muitas escolas normais elevaram seus padrões e se tornaram colégios (superiores) de artes regulares, com departamentos de educação, oferecendo, primeiro, o grau de bacharel e, mais tarde, o de mestre (licenciado). Em acréscimo a isso, praticamente todos os colégios (superiores) de artes liberais e universidades acrescentaram cursos profissionais para futuros professores. A articulação entre os cursos de artes liberais e os de educação profissional foi, gradativamente, efetivada.

Pelo começo do século, a formação de professores era, principalmente, histórica e teórica. Contudo, as escolas logo acrescentaram cursos a respeito de métodos e currículos e, o que é mais significativo, "prática de ensino". Atualmente (1978), a formação relativa a métodos e prática, administração, medidas (avaliação) e outros setores práticos superou o estudo de teoria e conteúdo.

1.6 Concepções e formação de professores à luz da Pós-modernidade

> *As qualidades ou virtudes são construídas por nós no esforço que nos impomos para diminuir a distância entre o que dizemos e o que fazemos. Este esforço, o de diminuir a distância entre o discurso e a prática, é já uma dessas virtudes indispensáveis – a coerência* (FREIRE, 1997: 72).

No sucinto e parcial recorrido histórico feito nas páginas anteriores, recordamos, através de textos de historiadores da educação, como, ao longo do tempo, foi visto o papel e como foi compreendida e praticada a formação dos professores. Queremos, agora, no final desta parte sobre os professores, refletir alguns aspectos do perfil de professor necessário a partir do novo paradigma de ciência e pensamento científico que se apresenta na Pós-modernidade e dos paradigmas de educação desse período, que envolve, principalmente, a segunda metade do século XX e o início do século XXI.

De acordo com Desaulniers, lembrado por nós:

> Observa-se que o processo de formação sofreu mudanças no decorrer do tempo, de acordo com as necessidades do mundo atual. Exige-se, desde as últimas décadas, uma formação a ser realizada em moldes globalizantes (mais flexível e respeitando princípios democráticos), ao invés do que ocorria até a metade desse século (XX), quando tal processo tinha um cunho totalizante (baseado na rigidez e no autoritarismo) (HENGEMÜHLE, 2004: 133).

A Pós-modernidade certamente trouxe aos professores desafios nunca vistos e enfrentados nos momentos históricos anteriores. Na opinião de Perrenoud (HENGEMÜHLE, 2004: 135), "[...] exerce-se o ofício em contextos inéditos, diante de públicos que mudam, em referência a programas repensados, supostamente baseados em novas abordagens e novos paradigmas". Como já se viu, os alunos que vêm para as escolas trazem consigo as vivências de um contexto complexo, em transformação. Os que saem das escolas, das nossas universidades, necessitam ter habilidades e competências para responder aos desafios pessoais e profissionais nesse contexto. Diante disso, muda o ofício do professor. Antunes diz:

> O papel do novo professor é o de usar a perspectiva de como se dá a aprendizagem, para que, usando a ferramenta dos conteúdos postos pelo ambiente e pelo meio social, estimule as diferentes inteligências de seus alunos e os leve a se tornarem aptos a resolver ou, quem

> sabe, criar produtos válidos para seu tempo e sua cultura (1998: 98).

Como podemos ver na história da formação dos professores, em curto espaço de tempo, evoluíram muito e aceleradamente tanto o papel da profissão magisterial quanto as exigências para o seu exercício. Certo é que, olhando para a história, vemos que os professores sempre foram chamados para resolver problemáticas sociais. Também agora, quando a família e os valores morais estão em crise sem precedentes, o contexto produtivo exige um perfil de pessoa com cérebro pensante e capaz de responder, com competência, aos desafios propostos, e se apela, novamente, de forma muito incisiva, ao trabalho do professor.

Ainda conforme Antunes:

> O professor deixa de lado a responsabilidade de ser um ensinador de coisas para se transformar em algo como um fisioterapeuta mental, animador da aprendizagem, estimulador de inteligências que emprega e faz o aluno empregar múltiplas habilidades operatórias (1998: 102).

Concordamos com essas colocações e atribuições do ofício do professor na Pós-modernidade. No entanto, não podemos esquecer, olhando para a história e, mais especificamente, para a história da formação e das práticas pedagógicas desenvolvidas pelos professores no Brasil, que essa mudança paradigmática é muito complicada, tendo presente que viemos de toda uma cultura diferente de formação dos professores. Nesse sentido, significativa é a interrogação de Berbel (1998: 23): "como vão participar compromissadamente da solução dos problemas sociais, regionais ou nacionais, os profissionais de nível superior que não tiveram um mínimo de preparo em seu tempo de formação?" Mais adiante, a mesma autora continua questionando a formação que os professores recebem:

> Essas questões requerem [...] uma resposta pedagógica, de revisão cultural do papel do professor universitário ao contribuir para o cumprimento das funções da universidade e uma resposta de reflexão crítica e intervenção sobre essa realidade observada e vivida em nossa sociedade.

Portanto, considerando como referenciais os paradigmas da ciência e da educação na Pós-modernidade, bem como o profundo respeito da educação com a natureza (desejos e necessidades) do ser humano, é necessário repensar as práticas pedagógicas e a formação recebida pelos professores nos cursos universitários. Não basta falar das teorias, é preciso exercitá-las na prática no Ensino Superior.

Em suma, o professor da Pós-modernidade precisa:

- ter formação global;
- ser fisioterapeuta mental;
- ser estimulador das inteligências;
- ser animador da aprendizagem;
- ressignificar os conteúdos para que provoquem o desejo de aprender dos alunos;

- usar os conhecimentos históricos como ferramentas para que os alunos compreendam situações significativas da sua vida e consigam resolver os problemas da sua época;
- buscar a coerência entre o que diz e acredita e o que faz.

Após essas considerações, ousamos apresentar algumas contribuições que têm a pretensão de servir como uma referência a mais para os professores que formam professores, como também para aqueles que já atuam na Educação Básica e necessitam de formação continuada. Para tanto, trazemos, inicialmente, alguns referenciais que apoiam a nossa proposta de educação. Em seguida, abordamos a necessidade de o professor conhecer as situações e os problemas que deram origem aos conhecimentos, como um caminho possível para ressignificá-los no contexto dos alunos. Posteriormente, analisamos a importância da problematização para provocar o desejo e a motivação dos alunos. Por fim, oferecemos, a partir de Charles Maguerez (BORDENAVE & PEREIRA, 2001), uma proposta de encaminhamento metodológico que possibilite aos alunos exercitar-se para conviver em contexto da Pós-modernidade.

PARTE 2

Aproximando a teoria da prática

O que atrai o homem à pesquisa, à ciência é o desejo de ser útil, a excitação advinda da exploração de um novo território, a esperança de encontrar ordem e o impulso para testar o conhecimento estabelecido (KUHN, 1987: 61).

2.1 Fundamentos da nossa proposta

Inicialmente, registramos o pensamento de alguns teóricos que, anteriormente, já foram, direta ou indiretamente, abordados, mas agora são referência muito relevante para fundamentar nossa proposta teórico-prática.

- A aprendizagem precisa ser desejada, apoiada no interesse por resolver um problema, detectar os problemas reais e buscar para eles soluções (BORDENAVE & PEREIRA, 2001: 24).
- Toda mudança nasce do casamento entre a necessidade e o desejo (ROSA, 1994: 16).
- Só pensamos sobre alguma coisa quando esta nos parece intrigante, curiosa ou interessante (ROSA, 1994: 48).

• Em um mundo de mudanças rápidas, o importante não são os conhecimentos ou ideias, nem os comportamentos corretos e fáceis que se esperam, mas, sim, o aumento da capacidade do aluno – participante e agente da transformação social – para detectar os problemas reais e buscar para eles soluções originais e criativas (BORDENAVE & PEREIRA, 2001: 24).

• O professor deve usar a ferramenta dos conteúdos oferecidos pelo meio ambiente e meio social para estimular as diferentes inteligências de seus alunos e para levá-los a se tornarem aptos a resolver problemas ou, quem sabe, criar produtos válidos para seu tempo e sua cultura (ANTUNES, 1998: 98).

• O objetivo da nova proposta para o ensino é desenvolver a capacidade do sujeito para abordar situações complexas (MORETTO, 2001: 86).

• Competência é a capacidade de o sujeito mobilizar recursos (cognitivos) visando abordar uma situação complexa (MORETTO, 2001: 19).

• Competência é a [...] capacidade de agir eficazmente em determinado tipo de situação, apoiada em conhecimento, mas sem se limitar a eles (PERRENOUD, 1999b: 7).

• Abordagem por competências determina o lugar dos conhecimentos – eruditos ou não – na ação: eles constituem recursos, frequentemente determinantes, para identificar e resolver problemas, para preparar e para tomar decisões (PERRENOUD, 1999b: 53).

• Para resolver uma situação complexa, o primeiro elemento exigido é conhecer os conteúdos (MORETTO, 2001: 20).

• Habilidade é [...] saber fazer algo específico. Isto significa que estará sempre associada a uma ação, física ou mental, indicadora de uma capacidade adquirida. Assim, identificar, relacionar, correlacionar, aplicar, analisar, avaliar, manipular com destreza são verbos que podem indicar a habilidade do sujeito em campos específicos (MORETTO, 2001: 21).

• Quem dá sentido ao texto é o contexto (MORETTO, 2001: 62).

• É preciso situar as informações e os dados em seu contexto para que adquiram sentido (MORIN, 2000: 36).

• Para ter sentido para os alunos, o aprendizado precisa ser associado às práticas sociais (PERRENOUD, 1999b: 45).

• Discutir com os alunos a razão de ser dos saberes em relação com o ensino dos conteúdos (FREIRE, 1997: 33).

• Os problemas fundamentais e os problemas globais estão ausentes das ciências disciplinares (MORIN, 2000: 40).

• Educar significa capacitar, potencializar para que o educando seja capaz de buscar a resposta do que pergunta, significa formar a autonomia (Gadotti: 1992: 9).

• Para Rogers, o único homem educado é aquele que aprendeu como aprender, como adaptar-se à mudança; o homem que tenha compreendido que nenhum conhecimento é seguro, e que somente o processo de buscar o conhecimento dá uma segurança (ROGERS, 1985: 126).

• Compete ao professor desafiar, instigar a dúvida, retirar dos alunos as certezas que os colocam em situação tão confortável (OLIVA, 1990: 52).

• Para Freire, a tarefa do professor e, num sentido mais amplo, a do educador, é a de problematizar aos educandos os conteúdos que os mediatiza, e não a de dissertar sobre eles, de dá-los, de entendê-los, de entregá-los como se se tratasse de algo já feito, elaborado, acabado, terminado (BERBEL, 1998: 19).

• Não há ensino sem pesquisa e pesquisa sem ensino (FREIRE, 1997: 32).

• Respeitar os saberes com que os educandos vêm à escola (FREIRE, 1997: 33).

• Ao propor um assunto a ser aprendido, cabe ao professor organizar estratégias que permitam a manifestação das concepções prévias dos alunos (MORETTO, 2001: 44).

Olhando para nossa própria história de vida, como estudante, como pessoa, concordamos com os teóricos que:

• o ser humano possui curiosidade e tendência exploratória;

- a aprendizagem é fruto da necessidade e do desejo de conhecer a verdade, compreender situações e resolver problemas;
- no mundo atual, mais do que nunca, é preciso ser essa pessoa capaz de detectar e compreender as situações, cada vez mais complexas, e buscar-lhes soluções, ser pessoa competente;
- nessa lógica, o aluno não deve ir à escola para memorizar e repetir conteúdos, teorias, mas que estes sejam referenciais a utilizar na abordagem e solução dessas situações complexas;
- para isso, ele necessita desenvolver ao máximo as suas habilidades cerebrais;
- para que o conteúdo tenha sentido é necessário associá-lo ao contexto, associação que, com frequência, não se faz;
- no mundo cambiante de hoje, é fundamental o domínio do processo de busca autônoma de respostas, o aprender a aprender por si e sempre, o que supõe aceitar a provisoriedade dos saberes, o saber problematizar e pesquisar;
- sobretudo graças aos meios de comunicação, os alunos vão à escola com um cabedal sempre maior de informações prévias, que é preciso ter presente, respeitar e ajudá-los a transformar em conhecimento;
- o professor precisa ter um perfil de competência e capacidade para dinamizar as práticas pedagógicas a partir desses referenciais.

2.2 As limitações do conhecimento histórico e suas consequências

> *Os atores comunicativos situam e datam seus pronunciamentos em espaços sociais e tempos históricos* (HABERMAS, 1987: 149).

Começamos nossas reflexões a partir de uma questão que pouco vimos ser abordada pelos pedagogos, ou teóricos de outras áreas quando estudam os entraves que têm limitado e, na grande maioria das vezes, impedem a concretização desses ideais teóricos apontados anteriormente. Trata-se do limitado domínio que os professores têm da história dos conhecimentos desenvolvidos com os alunos. De acordo com Vasconcellos:

> O professor precisa se fortalecer a fim de que possa se recusar a dar um conteúdo no qual não vê sentido. Como poderá mobilizar os alunos se nem está mobilizado para aquilo que ensina? Esta exigência pedagógica é decorrência de um pressuposto epistemológico básico: para conhecer, o sujeito precisa querer (caso contrário, não libera representação mental prévia, matéria-prima para o conhecimento) (2002: 150).

Partimos do pressuposto de que é muito difícil, para não dizer impossível, significar algo e motivar-se para algo, principalmente como professor, primeiro, e, depois, como aluno, quando se desconhece a origem do conhecimento e as transformações que sofreu no decorrer dos anos.

Ao trabalhar com grupos de professores, em projetos escolares (Projeto Pedagógico, Plano de Estudos e Plano de Trabalho) teoricamente bem-fundamentados e coerentes entre si (HENGEMÜHLE, 2004: 213-236), percebemos que os professores até conseguem fazer um bom planejamento, mostram-se entusiasmados com os referenciais teóricos (significar o conteúdo, problematizar o conteúdo, instigar os alunos [...]). No entanto, na hora da concretização, além das limitações teóricas e práticas da sua formação, eles não conseguem operar a significação e problematização dos conteúdos em contextos reais e significativos para os alunos. Os próprios professores, entre eles nós também, refletindo nossa história de vida, relembramos, muitas vezes, o dilema diante de situações, quando, como alunos, tínhamos as mesmas curiosidades que se manifestam hoje na sala de aula: "Professor, qual é o significado desse conteúdo? Onde vou usar isso na vida? Por que preciso aprender isso?"

Após muitos anos ouvindo colegas, refletindo com eles, desafiando-nos pessoalmente na sala de aula, chegamos a algumas hipóteses que podem apontar para a busca de soluções desse problema.

2.3 Desconhecimento histórico das teorias: a raiz do problema

> *Na sua forma mais desenvolvida, a operação interna consiste em a criança captar a verdadeira estrutura do processo, aprendendo a entender as leis de acordo com as quais os signos externos devem ser usados* (VYGOTSKY, 1994: 83).

A referência dos teóricos, somada às nossas vivências profissionais na educação, indicam que nada acontece por acaso, e que, para algo ser significativo no presente, é preciso conhecer sua origem, sua história, o contexto em que surgiu. Vejam que não estamos usando o termo "aplicar algo no presente", mas, sim, "significar". Para nós, há uma diferença: nem tudo é possível aplicar; mas tudo é possível significar. É importante a pergunta: Essa teoria surgiu para compreender que tipo de situação, ou para resolver que tipo de problema?

Nossas reflexões voltam-se para a importância do conhecimento da realidade que gerou a teoria – na escola, costumeiramente, chamado de conteúdo – e as limitações que o seu desconhecimento traz para sua significação no contexto contemporâneo, nesse caso para os alunos em sala de aula. Importa frisar que discordamos daqueles que dizem que os conhecimentos, ou os saberes, ou os conteúdos, ou os referenciais teóricos, para nós conceitos análogos, são apenas teóricos e como tais devem ser conhecidos, ou repetidos pelos alunos, pois não é possível dar-lhes uma significação.

Esses conhecimentos não foram trazidos de um outro planeta. Surgiram em um contexto histórico. Foram produzidos por seres humanos que, confrontados com situações e problemas da sua época, por curiosidade, por necessidade ou, até, por acaso, tiveram a intuição, a sensibilidade, a criatividade de encontrar respostas para que essas situações fossem compreendidas e os problemas resolvidos. Aliás, aos poucos nós fomos dando conta de um aspecto básico: o que somos e o que fazemos só têm sentido ao ressignificarmos a nossa história. Uma das pessoas que nos ajudaram a compreender isso foi Soares (2001: 40) quando diz: "exatamente assim é que me sinto: com as mãos atadas pelo que hoje sou, condicionada pelo meu presente, é que procuro narrar um passado que re-faço, re-penso com as imagens e ideias de hoje".

Acreditamos que esses sentimentos da pessoa podem e necessitam ser estendidos para todas as áreas do conhecimento se quisermos significá-los no presente.

Fórmulas matemáticas (logaritmos, equações [...]) serviram para compreender ou solucionar problemas da época em que foram criadas. Fatos históricos, vistos no seu contexto (grego, romano, europeu, em geral [...]), se tornaram relevantes para nós como referência para compreendermos situações, ou inspirar-nos na solução de problemas políticos, econômicos, culturais [...] do mundo atual. A falta de conhecimento da origem desses conhecimentos impossibilita a sua significação na contemporaneidade. Isso porque o professor não consegue fazer a "ponte" entre o remoto e o próximo. Na aprendizagem de uma língua, o conhecimento de suas raízes – no caso das latinas, anglo-saxônicas, indígenas, africanas, arábicas [...] nos permite dar um significado para a sua estrutura ou a formação das suas palavras. Nessa mesma perspectiva, podemos abordar os conteúdos de todos os componentes curriculares e, de informação em informação, de conteúdo em conteúdo, fazer esse exercício da sua ressignificação, a partir da história, na contemporaneidade.

Para nos ajudar nas reflexões, buscamos referências em alguns autores que, antes de nós, ou na contemporaneidade, veem no resgate histórico o caminho para possibilitar o professor de significar as teorias na atualidade. Começamos com uma reflexão de Meirieu, que faz uma crítica à ausência da dimensão histórica no nosso processo de ensino e aprendizagem:

> [...] acreditamos nas aquisições sem história, postulamos incessantemente a existência de máquinas de aprender, ocultamos eternamente o processo em benefício do produto. Esquecemos, até mesmo, a gênese de nossos próprios conhecimentos e, não lembrando mais tê-los construído, acreditamos poder transmiti-los (1998: 52).

Assim, quando se contempla apenas o produto final (fórmulas, informações [...]), este é privado do seu significado histórico, isto é, se esquecem as razões pelas quais ele foi constituído. Desta forma, as informações, as fórmulas tornam-se estéreis, por não conseguirem fazer-se significativas no contexto, nas situações em que hoje são abordadas, ou seja, nesse caso, nas salas de aula com os alunos.

Também Gramsci concorda que:

> as ideias e formulações mais iluminadoras [...] são tipicamente do tipo conjuntural. Para fazer um uso mais geral delas, elas têm que ser cuidadosamente extraídas de sua concreta e específica imersão histórica e transplantadas para novo solo com considerável cuidado e paciência (apud SILVA, 1995a: 20).

Esse exercício do resgate histórico, em especial para os educadores, é um desafio que começa pela sua formação, quando o processo foi exercitado na teoria estéril e descontextualizada. A falta da dimensão histórica, do conhecimento do contexto, das situações e dos problemas que originaram o conteúdo em estudo, impossibilita o professor de torná-lo significativo no contexto, nas situações e problemas do mundo em que vivem os alunos.

Além da não significação para os alunos, ocorre, anteriormente, a falta de significação para o professor. Essa falta de significado o desmotiva, baixa sua autoestima, pois sua prática pedagógica torna-se um fazer por fazer. Ao investigarmos, em 2003, com 55 professores, as causas da sua desmotivação e baixa autoestima, a questão salarial ficou em oitavo lugar na ordem dos fatores mais relevantes. O mais citado foi a falta de significação do fazer pedagógico em relação aos conteúdos trabalhados, com a consequente desmotivação também dos alunos e os problemas disciplinares daí decorrentes.

No mundo atual, como já abordado,

- segundo a teoria do pensamento sistêmico, todas as coisas estão interligadas, relacionadas e em constante mutação, torna-se um consenso;
- a educação, na segunda metade do século passado, já buscava evoluir dos seus referenciais, centrados na fragmentação dos conhecimentos, ou na disciplinaridade, para a interdisciplinaridade, para a transdisciplinaridade.

A recuperação histórica, o estudo da origem dos conhecimentos trará uma importante contribuição, talvez única, se queremos efetivamente significar hoje os conhecimentos produzidos em épocas mais ou menos remotas. Na opinião de Marques (1993: 110), "não se ensinam ou aprendem coisas, mas relações estabelecidas em entendimento mútuo e expressas em conceitos, que, por sua vez, são construções históricas".

Tomemos, como exemplo, o nosso próprio sentido de ser pessoa. A história é a nossa raiz. A cultura herdada, de geração em geração, reconstruída e ressignificada, dá sentido a todos nós. Como diz Silva (1995a: 69), "é contando histórias, nossas próprias histórias, o que nos acontece e o sentido que damos ao que nos acontece, que nos damos a nós próprios uma identidade no tempo". Inúmeros exemplos ilustrativos temos entre nós dessa reflexão. Podemos citar as histórias das famílias (árvores genealógicas), as formas de celebrações religiosas (natal dos europeus, chineses [...]), os usos de etnias tão ricas no Brasil e que, mesmo depois de centenas de anos, ainda preservam seus costumes, suas línguas. São todas práticas que mostram como a historicidade provoca sentidos e ressignificações, criando um elo de geração em geração. Ainda, conforme Silva (1995a: 48), "o que somos, ou, melhor ainda, o sentido de quem somos, depende das histórias que contamos e das que contamos a nós mesmos".

Entre outros autores, retomamos, novamente, a ideia de Popkewitz que também concorda com Silva quando diz que "remover as pessoas da história significa fazer com que o mundo pareça determinístico e fora da possibilidade de intervenção" (SILVA, 1995a: 198). Ou seja, cortar o elo histórico onde se formou o sentido da nossa existência e onde nossa cultura foi constituída e sempre reconstruída é matar o sentido da pessoa humana. Gostamos muito da analogia da árvore: cortar suas raízes é matá-la. Isso se estende a todas as formas de vida, inclusive aos conteúdos trabalhados em sala de aula.

E isso, apoiados por Silva (1995a: 185), acreditando que "aprender gramática, ciências ou geografia é também aprender disposições, consciência e sensibilidades em relação ao mundo que está sendo descrito", são lições para a educação poder reconstruir o seu sentido.

2.4 Do contexto que originou o conteúdo à significação contemporânea: um exercício de resgate para o professor

> *De onde procedem historicamente as ideias que eu incorporo em minha prática de ensino? Como cheguei a apropriar-me delas?* (SMYTH, 1987).

A ideia de propor o resgate histórico dos conteúdos para significá-los na sala de aula não nos veio por acaso. Foi fruto de reflexões e de buscas. Ao longo de alguns anos, passo a passo, com os professores, havíamos conseguido construir um planejamento (Projeto Pedagógico, Plano de Estudos e Plano de Trabalho) com metodologia e avaliação bastante fundamentado e coerente. Havíamos, ao menos, intentado comunicar bom dinamismo ao processo. E havíamos implementado uma sistemática de formação continuada em serviço de um grupo de professores que acompanhávamos. Assim mesmo, persistiam entraves, particularmente limitações dos professores.

Fomos obrigados a buscar as origens do problema, as razões por que o processo estava travado.

No planejamento constavam as competências almejadas pela escola, a partir da teoria de Perrenoud, Moretto, entre outros. Ou seja, buscava-se um aluno capaz de resolver situações complexas fora da rotina, utilizando, para tanto, exercícios mentais (habilidades) superiores (analisar, comparar, argumentar [...]). Fez-se todo um estudo sobre os conceitos de competência, habilidade e suas dimensões na prática, ou seja, na metodologia e na avaliação.

Estava claro que, para gerar o perfil de aluno almejado, necessitava-se desenvolver o espírito de pesquisa no cotidiano escolar. Tinha-se como pressuposto que o desenvolvimento da pesquisa exigia desafiar o aluno a partir de situações e problemas do seu contexto, e para que o conteúdo lhe proporcionasse o fundamento a fim de compreender as situações e/ou solucionar problemas. O Arco de Maguerez, que vamos abordar detalhadamente mais adiante (HENGEMÜHLE, 2004: 102-110), ajudou-nos muito como roteiro para que a pesquisa pudesse tornar-se realidade na sala de aula.

O planejamento, os fundamentos teóricos de como deveria ser a prática pedagógica estavam, portanto, clara e exaustivamente discutidos com os professores, nos grupos de estudo, nas reuniões e nas jornadas pedagógicas, nos cursos, nas palestras, na construção conjunta de Planos de Estudo e Planos de Trabalho. No entanto, quando observávamos a prática (a metodologia e a avaliação), víamos que a teoria, o planejado estavam distantes. Começamos, então, a nos dar conta de que a origem do problema era anterior.

Constatamos que a questão se situava no início do processo metodológico. O grupo vinha exercitando sua prática trabalhando com o Arco de Maguerez. Conforme este, o professor inicia o processo partindo de situações-problema reais e significativos para os alunos, despertando-lhes o desejo e a necessidade de buscar, no conteúdo, base para a sua compreensão e/ou solução. Percebemos, nesse momento, que o professor não conseguia formular situações-problema.

Por quê? Pelo quase total desconhecimento do que é um problema pedagógico. Na maioria das vezes, o professor entende que formular problema pedagógico é apresentar conteúdos e fazer perguntas sobre esses conteúdos, exigindo do aluno apenas o exercício de decorar as fórmulas e repetir as respostas de questões anteriormente treinadas.

A partir dessas limitações, procuramos exercitar a formulação de situações-problema significativos. Foi nesse momento que identificamos o problema maior. O professor fazia perguntas sobre a teoria pela teoria, até a contextualizava, mas não a problematizava, por não conhecer a origem do conteúdo. Por falta de conhecimento do contexto, do nascimento deste, das situações, dos problemas que o geraram, não conseguia criar situações-problema reais e significativas no contexto do aluno. À medida que íamos dialogando com colegas professores sobre essa problemática, fomos sentindo as suas fragilidades e percebendo que também eles concordavam que o problema estava na necessidade de primeiro conhecer historicamente o conteúdo. Nesse sentido, Cury traz uma significativa reflexão:

> Humanizar o conhecimento, contar a história dos cientistas que produziram as ideias que os professores ensinam. Significa também reconstruir o clima emocional que eles viveram enquanto pesquisavam. Significa ainda relatar a ansiedade, os erros, as dificuldades e as discriminações que sofreram. Alguns pensadores morreram por defender suas ideias (2003: 135).

Desta forma, foi sendo desconstruído nosso anterior conceito de que conhecer o conteúdo era conhecer de cor as fórmulas, as informações, e se foi formando o novo conceito de que conhecer o conteúdo é conhecer a história da sua origem, para poder significá-lo na sala de aula de hoje. Essa concepção também vem reforçada por Vasconcellos (2003: 110) quando diz: "resgatar a história do conhecimento ajuda a ressignificá-lo, na medida em que se entende em que contexto surgiu, que tipo de problema veio resolver etc."

E essa realidade reforça, mais uma vez, a necessidade de rever a formação dos professores. As universidades, em especial os cursos de licenciatura, necessitam desenvolver o espírito de pesquisa nos futuros profissionais da educação. De acordo com Contreras:

> [...] ao aumentar o compromisso com o valor que a educação tem para seus alunos, os professores começarão a perguntar-se sobre o sentido do que fazem e a construir seu próprio conhecimento crítico, emancipando-se das tutelas externas e mostrando sua capacidade de usar sua inteligência para a compreensão e a transformação social (2002: 157).

Para que isso ocorra, faz-se necessário, além de adequar as metodologias em sala de aula, que o futuro profissional da educação tenha a oportunidade de conhecer a origem dos conteúdos da sua área de formação. O desconhecimento dessa origem, parece-nos, é um dos grandes limitadores da formação atual dos professores. Nisso somos também acompanhados por Cortella:

> Quando um educador ou uma educadora nega (com ou sem intenção) aos alunos a compreensão das condições culturais, históricas e sociais de produção do conhecimento, termina por reforçar a mitificação e a sensação de perplexidade e incapacidade cognitiva (2003: 102).

Por outro lado, a preocupação volta-se para os professores já formados e que estão nas salas de aula. Aqui, apontamos, como alternativa, sua formação continuada em serviço: os professores, organizados em grupos de estudo, por componente curricular, buscam estudar, de conteúdo em conteúdo, o contexto, as situações, os problemas que originaram os conteúdos e as suas significações em contextos, situações e problemas reais para os alunos atuais. Essa é uma dinâmica que está sendo desenvolvida por nove grupos de estudo, desde 2004, no Colégio La Salle de Canoas, RS. Para orientar os professores ao investigar a ressignificação – desde a origem até a contemporaneidade – dos conteúdos, apontamos na ilustração abaixo:

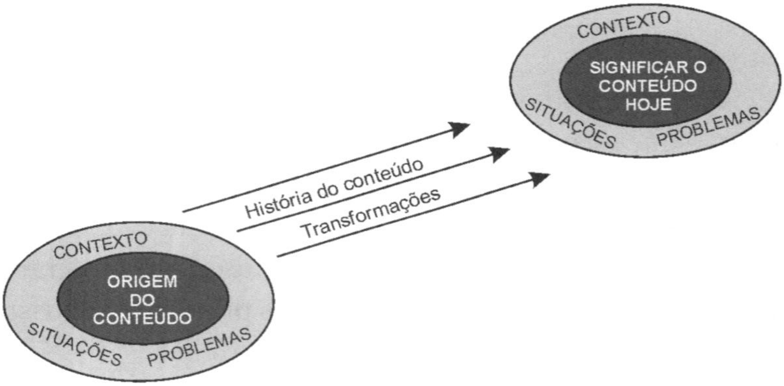

Esta ilustração demonstra o caminho investigativo que pode ser seguido pelos professores desde a origem do conteúdo e das transformações por ele sofridas até nossos dias para poder situá-lo, assim, de forma significativa, no contexto do aluno. Essa investigação necessita de muita persistência e dedicação do professor. Atualmente, com a ajuda da internet e o apoio de abundantíssima bibliografia disponível em cada área do conhecimento, essa investigação é bastante facilitada. No entanto, a sua significação no contexto contemporâneo, com respeito às concepções prévias dos alunos, é um desafio diário para o professor, sempre de olhar voltado para o contexto e buscando situações e problemas que possam garantir essa significação do conteúdo.

Nesse sentido, além dos grupos de estudo, é imprescindível o diálogo com os colegas e com os alunos. É nessa rede, inclusive interdisciplinar, que tanto professores como alunos vão exercitando o olhar investigativo e significativo das aprendizagens. Por outro lado, com a ajuda da informática, os professores, a partir do quadro abaixo, podem ir construindo um banco de dados, atualizado, ano a ano, com o qual, com o passar do tempo, poderão ter à sua disposição uma riqueza de referências.

Em síntese, as limitações e as possibilidades geradas pelo conhecimento histórico.

(Des)conhecer a historicidade	
Limitações	**Possibilidades**
Conhecimento linear e fragmentado.	Conhecimento interdisciplinar.
Desconhecimento do processo.	Conhecimento do processo.
Conteúdos insignificantes para o professor.	Conteúdos significativos para o professor.
Dificuldade em ressignificar.	Facilidade para ressignificar em múltiplas dimensões.
Desconhecimento das situações e problemas que originaram o conteúdo.	Conhecimento das situações e dos problemas que originaram os conteúdos.
Diante da pergunta dos alunos: para que estamos aprendendo isso?, evasivas do professor.	Capacidade de significar o conhecimento quando o aluno questiona por que e para que estamos aprendendo isso.

Assim, agora, tendo abordado a importância da historicidade, vamos analisar um pouco mais a problematização dos conteúdos.

2.5 Situação-problema: um referencial instigador da aprendizagem

> *A escola [...] deve dar-lhes a cultura e o gosto pela discussão, que lhes permitirão compreender os problemas, as políticas pretendidas e debater sobre isso* (CANIVEZ, 1991: 157).

As teorias contemporâneas da educação sugerem que, se quisermos provocar nos alunos o desejo de aprender, necessitamos trabalhar conteúdos que tenham sentido em contextos reais e significativos. A situação-problema tem sido apontada como um meio que suscita o interesse e a vontade de buscar a compreensão das situações e a solução dos problemas, pois a natureza humana se motiva diante de situações desconhecidas que provocam a vontade para buscar a solução dos enigmas.

Nossas reflexões têm encontrado no Arco de Maguerez (HENGEMÜHLE, 2004) um referencial para orientar as práticas pedagógicas, em coerência com as teorias de educação da atualidade. As teorias contemporâneas possuem como fundamentos, entre outros, a busca de significados para os conteúdos historicamente construídos, em novos contextos; o respeito aos conhecimentos prévios dos alunos; o desenvolvimento do espírito perquiritório, crítico, argumentativo [...]; o exercício de habilidades superiores que possibilitem ao aluno compreender, de forma fundamentada, o seu contexto, além de proporcionar-lhe a construção de novos conhecimentos e compreensões.

Nesse sentido, na metodologia do Arco de Maguerez que veremos a seguir, o professor:

- inicia sua prática pedagógica, trazendo situações-problema reais e significativas do contexto do aluno;
- lança questionamentos sobre as situações-problema apresentadas e provoca os alunos para apresentarem as soluções, ou suas opiniões sobre estas situações, a partir das suas concepções prévias;
- desenvolve o conteúdo que deverá trazer compreensões e soluções fundamentadas para as situações-problema;
- leva o aluno a exercitar-se em novas situações-problema e utiliza, para a compreensão e solução das situações, os conteúdos aprendidos;
- e, por último, instiga o aluno, individualmente ou em grupo, a desenvolver atividades, nas quais irá aprofundar sua reflexão fundamentada em relação a situações e problemas do contexto mundo.

Como já nos referimos anteriormente (HENGEMÜHLE, 2004), o primeiro obstáculo para o professor é o início do processo, quando deverá apresentar situações-problema reais e significativas. Nesse momento, pelo menos duas questões embaraçosas costumam ocorrer:

a) o professor tem dificuldade para encontrar situações e problemas significativos no contexto dos alunos e para os quais o conteúdo seja um referencial de compreensão e solução;

b) o professor, ao conseguir encontrar situações e problemas no contexto, tem dificuldade para elaborar a situação-problema.

Quanto ao item a), já fizemos, acima, abordagens sobre os possíveis caminhos para essa ressignificação. Nesse sentido, nossas reflexões voltam-se para a necessidade de o professor investigar a história do conteúdo, ou seja, o contexto, as situações e os problemas que originaram o mesmo. De posse desse conhecimento, ele tem referenciais para dar sentido ao conteúdo em situações e problemas no contexto do aluno e para ressignificar tal conteúdo.

Em relação ao item b), percebemos limitações conceituais em muitos professores em relação à elaboração de uma situação-problema. Comumente, eles entendem por situação-problema fazer uma pergunta, lançar um questionamento. Ajudados pelos dicionários[1], procuremos conceituar, inicialmente, os termos em jogo, para ajudar nessa compreensão. Assim, temos:

a) **Situação**: fato ou circunstância da realidade. No caso da educação, próximos dos alunos (respeitando o desenvolvimento de cada um – idade, contexto [...]).

b) **Problema**: dificuldade, dúvida, incerteza, mistério, enigma [...] que pode ocorrer a partir do fato (si-

1. Dicionários Larousse Cultural e Aurélio.

tuação) apontado e que impede o seu desenvolvimento, realização, compreensão [...].

c) **Pergunta**: indagação, interrogação que se dirige a alguém, a propósito de qualquer coisa, solicitação de informações, entre outras.

Portanto, a fim de podermos fazer a pergunta, precisamos de um fato (situação) que apresenta dificuldades, mistérios, incertezas, em suma, problemas que necessitam ser compreendidos, esclarecidos ou resolvidos. Em uma situação real, indaguemo-nos: Quando perguntamos? Certamente a resposta será: quando temos dúvidas, curiosidades, ao desconhecer algo. Ou seja, para a pergunta ocorrer, ocorre antes uma situação, um problema. Poderíamos citar inúmeras ocasiões da vida que nos colocam diante de situações nas quais precisamos perguntar. Por exemplo, o detetive faz perguntas a partir de um fato que é mistério (assassinato, roubo [...]) que o levem à elucidação do enigma, ou seja, a descobrir quem foi o criminoso, ou o ladrão. O pai questiona, pergunta ao filho por que quebrou o vaso (situação-problema). O professor pergunta ao aluno por que não veio à aula. O gerente pergunta aos funcionários que estratégias adotar para melhorar o atendimento ao cliente, atendimento que está falho [...].

Em todos esses casos percebemos que, para haver uma pergunta, necessitamos de um fato desencadeador. No caso da educação, se esse fato estiver problematizado, provocando o aluno para buscar a solução, e se essa solução for viabilizada através do conteúdo que vamos desenvolver, então o conteúdo começa a ter sentido para o aluno e, certamente, a motivação deste será outra.

Para ilustrar, tendo a situação-problema como elemento desencadeador do processo pedagógico, traremos alguns referenciais produzidos pelos professores do Colégio La Salle de Canoas, RS em seus planos de trabalho e por nós adaptados.

Exemplo 1: Educação Infantil

Situação: As árvores são muito importantes na nossa vida, pois por causa delas podemos respirar, temos sombra no verão [...].

Problema: Hoje, no entanto, temos sempre menos árvores.

Essa temática reporta-se a situações e problemas relacionados ao estudo de questões do meio ambiente, o que, aliás, é um tema de grande interesse hoje em dia. Para provocar as hipóteses dos alunos da Educação Infantil e, dependendo do conteúdo que o professor quer desenvolver com os mesmos, pode lançar questionamentos, como: "**Como** seria uma cidade sem árvores?; **por que** as pessoas não cuidam das árvores nas praças e ruas?; **como** nós podemos contribuir para tornar nossa casa, rua, cidade [...] mais bonita, com árvores? [...]

Exemplo 2: 4ª série

Situação: Dona Maria recebeu esta semana a conta de água do mês e percebeu que havia gasto R$ 88,00.

Problema: Comparando esse gasto com os dos meses anteriores, viu que seu consumo este mês está bem mais alto do que nos meses anteriores.

Esse tipo de situação matemática leva à conscientização em relação aos cuidados com o meio ambiente (água [...]), além de conscientizar as crianças a ajudarem no orçamento doméstico, através de cálculos fundamentados em fórmulas matemáticas. A partir dessa situação-problema podem surgir indagações como: **O que** pode ter contribuído para aumentar o consumo? Que consequências têm para a família o aumento desse consumo? **Como**, ou que providências cada membro da família deve tomar para diminuir o consumo? Que consequências têm para a humanidade o uso abusivo da água? [...]

Exemplo 3: 5ª série

Situação: Certa vez, em uma palestra, um economista abordou as questões da falta de dinheiro e do desequilíbrio social: alguns tendo muito e outros quase nada.

Problema: Um aluno sugere: "Se o país tem o papel de produzir dinheiro, que é feito pela Casa da Moeda e distribuído pelo Banco Central do Brasil, pode ser confeccionado quanto quiser e assim resolve o problema da pobreza". (Embora a sugestão do aluno pareça solução, é um problema.)

Temáticas dessa natureza ajudam a sensibilizar sobre os graves problemas sociais, a exclusão e suas consequências, além de possibilitar aos alunos a compreensão do sistema monetário e financeiro de um país, podendo se estender tal compreensão, inclusive, à realidade familiar. Surgem, entre outras, questões como: **Por que** não se pode imprimir dinheiro à vontade e assim resolver o problema? Que consequências teria para o país um ato assim? **Por que** há pessoas que vivem com muitos bens e outros não têm onde morar e comer? **Como** podemos nós proceder para ajudar na solução desse problema? [...]

> **Exemplo 4: 6ª série**
>
> **Situação:** O prefeito da cidade pretende construir um centro esportivo comunitário. Essa construção exigirá que a prefeitura faça muitos gastos.
>
> **Problema:** Alguns moradores acham que a ideia é muito boa e têm muitos argumentos favoráveis a esse respeito. Outros, porém, são totalmente contrários e também têm fortes argumentos em favor de sua posição.

Situações assim provocam discussão e reflexão sobre o sentido de cidadania, a importância da participação e do comprometimento de cada um para que o dinheiro público seja aplicado de acordo com as necessidades e interesses da coletividade. Nesse caso, e sempre dependendo do conteúdo para o qual o professor quer provocar a curiosidade dos alunos, podem ser lançados questionamentos do tipo: Que consequências podem ocorrer caso a obra seja feita sem a concordância de um grupo de moradores? Que interesses políticos e ideológicos podem estar atrás desta construção? **Como** a prefeitura e os moradores devem proceder para chegar a um consenso? Em nossos bairros, a praça seria prioridade, ou quais e **por que** seriam prioridades outros projetos? [...]

Exemplo 5: 7ª série

Situação: Para vivermos bem necessitamos que o nosso corpo esteja saudável.

Problema: Diariamente, ouve-se falar dos mais diversos problemas relacionados ao organismo humano, como gastrites, úlceras, cirrose hepática, problemas de vesícula, hepatites, prisão de ventre, enfarto do miocárdio, transplante de órgãos, anemia etc.

Ter um corpo saudável é desejo natural de todo ser humano. No mundo atual, onde vivemos sempre nos limites, cuidar do corpo, da saúde virou necessidade básica. Nesse contexto, nossos conteúdos podem ajudar na compreensão e ou solução dos problemas de saúde, além de sensibilizar alunos sobre os cuidados que devem ter com ela e conscientizá-los para o "bem viver". Nesse caso, há questionamentos ligados ao modo de vida que as pessoas levam, o tipo de comidas ingeridas, entre outras. Portanto, o professor pode questionar: **Por que** as pessoas hoje, sempre mais, sofrem de estresse? Enfarto? Gastrites? [...] **Como** devemos proceder para manter uma qualidade de vida com saúde? [...]

Exemplo 6: 8ª série

Situação: Você quer corresponder-se com uma pessoa nos Estados Unidos, pois pela internet você soube que ela tem um jogo de *videogame* muito interessante.

Problema: Você não sabe nem o mínimo de inglês para mandar um e-mail.

Situações-problema dessa natureza estão relacionados à aprendizagem de novos idiomas que, no mundo globalizado, são de extrema importância, tanto para o desempenho profissional como para a compreensão e comunicação no contexto. Por isso, o professor, a partir de problemáticas, conscientiza o aluno sobre a necessidade de aprender a se comunicar em idiomas que desconhece e o estimula a empreender esse aprendizado. A situação-problema, acima, por exemplo, pode provocar questionamentos do tipo: **Como** vamos fazer para escrever o e-mail? Quais são as consequências se não nos conseguimos comunicar? O que precisamos fazer para preparar-nos e conseguir enfrentar essas situações? [...]

Exemplo 7: 1ª série do Ensino Médio

Situação: Na primeira semana de junho de 2004, o Brasil teve suas exportações de soja canceladas para a China.

Problema: O governo chinês identificou grãos de soja contaminados com agrotóxicos. Autoridades brasileiras acreditam que o prejuízo brasileiro deve ter atingido a cifra de 2 bilhões de dólares.

Situações como esta chamam a atenção para inúmeros problemas que podem ser abordados e esclarecidos com conteúdos interdisciplinares, pois oportunizam estudos e reflexões sobre globalização, meio ambiente, economia, entre outros. Como são temas atuais, provocam nos alunos muita curiosidade e pontos de vista, e ajudam a formar a consciência em relação aos cuidados com a vida. O professor pode provocar as hipóteses para a solução do problema, questionando: O que é produto transgênico? A soja transgênica deve continuar a ser produzida ou não? **Por quê**? Os venenos usados na produção de alimentos interferem na saúde e no meio ambiente? **Como**? O que fazer, quando os produtores dizem que, desta maneira, conseguem produzir mais? Quais são as soluções que se apresentam? [...]

Exemplo 8: 2ª série do Ensino Médio

Situação: Na construção de estradas, existem curvas para contornar acidentes geográficos ou para fazer com que a estrada passe em determinados pontos.

Problema: Se o ângulo das curvas não for feito de forma adequada, os veículos estão expostos a acidentes.

Temáticas assim ajudam a desenvolver cálculos significativos que podem ajudar a provocar menos acidentes e dar mais segurança nas estradas, por exemplo. Por outro lado, também ajudam o jovem a criar a consciência dos perigos e cuidados que deve ter ao dirigir. Desta forma, o professor, para provocar nos alunos a curiosidade de aprender e compreender as fórmulas matemáticas com sentido, pode questionar: **Por que** ocorre esse tipo de acidente? **Como** devemos proceder para evitá-lo? **Como** deveria ser o ângulo das curvas? [...]

Exemplo 9: 3ª série do Ensino Médio

Situação: A corrente elétrica também é transmitida pela água.

Problema: A água do chuveiro é aquecida por um processo elétrico e nós não levamos choque embaixo do chuveiro. (O problema é compreender por que, no caso do chuveiro, a água não provoca choque.)

Situações como esta, além de serem curiosas e presentes no cotidiano da vida dos alunos, contribuem para que os mesmos compreendam os processos que ocorrem nesses casos, conscientizando-se sobre os cuidados necessários e, quem sabe, despertando o gosto para futura formação e atuação profissionais nessa área correlata. Desta forma, o professor pode questionar: **Por que** não recebemos descarga elétrica no chuveiro? Que cuidados são necessários em relação à eletricidade? [...]

Como demonstram os nove exemplos, é partindo de situações (fatos) e problemas (dificuldades [...]) reais, significativos para os alunos que o professor começa a provocar neles o desejo, a curiosidade de aprender. Note-se que os questionamentos **por que** e **como** vêm grifados, pois ambos (não somente eles) são bons referenciais para provocar e instigar. **Por que** remete o aluno a buscar os motivos, as origens do problema e o **como** provoca no aluno a necessidade de apontar soluções. É importante, também, frisar que as mesmas situações e problemas são interdisciplinares, ou seja, se houver planejamento sistêmico na escola, os professores podem utilizar as mesmas situações-problema para diversas áreas do conhecimento na mesma série ou, com complexidades diferenciadas, em séries diferentes.

Após o momento inicial, em que o professor apresenta a situação-problema e provoca as hipóteses de solução nos alunos, através dos questionamentos [...] é chegado o momento de apresentar e desenvolver o conteúdo como referencial para a compreensão e/ou a solução da situação-problema. Aqui as fórmulas adquirem sentido e os textos tornam-se referenciais. É importante que o professor possibilite o desenvolvimento dos conteúdos a partir de inúmeras fontes, como também provoque os alunos a recorrer a elas para que haja diversidade de fundamentos, buscados numa riqueza de autores.

Agora que os alunos estão de posse do referencial teórico, tanto o professor como os alunos podem trazer outras situações-problema aderentes ao conteúdo e exercitar-se na sua compreensão e solução fundamentadas. Para tanto, os alunos desenvolvem produções individuais ou em grupo, em que podem aprofundar e coletivizar os seus argumentos e conclusões. É nesse momento que eles irão demonstrar se compreenderam a teoria e conseguem significá-la em situações e problemas reais da vida.

Por último, é importante que o aluno, de preferência através de produção individual, redija, utilizando a teoria desenvolvida, textos argumentativos, apresente soluções para os problemas, comprove a teoria na prática e vice-versa, em laboratório. É o momento, também, para conhecer os avanços e limitações dos alunos em relação ao processo desenvolvido, o que, costumeiramente, chamamos de avaliação, a qual, aliás, segundo os preceitos contemporâneos, precisa ser coerente com o processo. Nesse caso, só para exemplificar, na prova de matemática não se pedem fórmulas para serem desenvolvidas, mas, sim, se apresentam situações-problema. O aluno recorre às fórmulas para demonstrar a sua compreensão e oferecer a solução do problema dado.

Assim, em todo o processo, o aluno é desafiado a confrontar situações e problemas de um mundo real e não fictício. O processo de aprendizagem não fica tão somente no *achismo*, ou apenas na teoria insignificante, mas fundamenta o ponto de vista e torna significativa a teoria. Isso depois de provocar no aluno o desejo, a curiosidade, dá um sentido ao seu fazer. A incorporação da teoria lhe proporciona a compreensão e solução fundamentada das situações e problemas da vida. Após o processo, o aluno está mais capacitado a ter um pensamento crítico, expressar-se com fundamento, sabendo por que afirma aquilo que afirma. Desenvolve, assim, o espírito perquiritório e, quando, no seu cotidiano, aparecerem situações intrigantes e problemas inusitados a resolver, sua mente estará mais preparada para achar caminhos que levem à sua compreensão e solução.

Esse processo não é tão simples, devido à própria organização das instituições escolares, à formação que os professores tiveram e à cultura que introjetaram. Mas, sem dúvida, esse encaminhamento metodológico contribui, e muito, para ressignificar as práticas pedagógicas e, consequentemente, para elevar o nível de satisfação e motivação dos alunos e a qualificação da sua formação.

Em síntese	
Situação-problema: elemento desafiador	Por que, para que, como [...]: perguntas que provocam o desejo nos alunos em aprender.

2.6 Método: o caminho da teoria

> *Está implícito [...] que para todo aquele que conhece deverá haver, prioritariamente, como condição inicial, a boa vontade para conhecer ou, então, não haverá compreensão* (MARTINS & BICUDO, 1983: 20).

Dinamizar a teoria na prática, como vimos, encontra inúmeras limitações. Apontamos, anteriormente, alguns dos fatores que entravam o processo, em especial, a falta de conhecimento histórico dos conteúdos. Claro é que os problemas não se restringem a isso. No entanto, nossa preocupação aqui é auxiliar os professores, na realidade em que se encontram, para que possam construir prática pedagógica significativa, apesar dos problemas históricos e atuais da educação, muitos deles situados fora da sala de aula, mas influenciados nela.

Tendo pensado no resgate da origem e da significação dos conteúdos e na problematização dos conteúdos, nossas reflexões agora se voltam para uma proposta metodológica capaz de orientar a prática pedagógica do professor. Os passos metodológicos precisam respeitar a natureza humana; levar à meta, ou seja, ao perfil de aluno a que a instituição educativa se propõe; e fundamentar-se nos conhecimentos teóricos disponíveis em relação ao processo de ensinar e aprender.

Para situar-nos, retomamos alguns conceitos já abordados:

• **se** a natureza humana tem como vontade buscar respostas para os porquês que a circundam no contexto mundo;

• **se** estamos inseridos em contextos voláteis, onde as verdades são relativas;

• **se** o contexto pede a formação de professores competentes e as necessidades humanas se voltam para ela, capazes de compreender e/ou solucionar situações e problemas complexos;

• **se**, para desenvolver esse perfil de pessoa, necessita-se de exercícios mentais complexos;

• **se** o ser humano se motiva quando aquilo com o qual se confronta tem significado para ele;

• **se** os conhecimentos escolares têm utilidade quando possibilitam a compreensão das situações e/ou a solução de problemas significativos dos alunos;

• **se** as aprendizagens escolares precisam respeitar os conhecimentos prévios dos alunos;

• **se** a solução de problemas, se os enigmas sempre foram estimuladores para o ser humano;

• **se** o novo saber é construído a partir da atividade ativa do aluno;

• **se** a pesquisa, a formação do espírito perquiritório é o caminho para exercitar essas necessidades e desejos humanos.

Assim sendo, a metodologia – que é o caminho para exercitar a alma da teoria – precisa ser um orientador para o professor, a fim de que os processos desenvolvidos levem a essas metas.

Inicialmente, cabe-nos conceituar a palavra pesquisa, tão utilizada nos meios educacionais. Segundo o *Dicionário Melhoramentos*, "pesquisa é o ato de investigar e, investigar, por sua vez, é inquirir, indagar". Para podermos inquirir, indagar [...] portanto, para haver pesquisa, é preciso que haja um problema a resolver. Esse problema pode ser uma situação real de dificuldade com a qual nos defrontamos. Como, também, pode ser algo que desconhecemos e que temos curiosidade ou desejo de conhecer, como já mencionado acima. Portanto, a educação que queira desenvolver a pesquisa no cotidiano da sala de aula precisa ter a capacidade de provocar situações e problemas inusitados que suscitem o desejo de conhecer, compreender ou encontrar a solução.

Assim, antes de apresentar uma proposta que nos tem ajudado muito nessa caminhada, vamos buscar a ajuda dos teóricos que também têm essa preocupação. Iniciamos com uma contribuição de Popper e Eccles (1995: 69) sobre a correlação mútua e complementar entre o conteúdo e as situações-problema do contexto do aluno. Esses autores assim se expressam:

> [...] Para entender um problema temos que tentar ao menos algumas das soluções mais óbvias e descobrir que elas falham; então, redescobrimos que existe uma dificuldade – um problema. Para entender uma teoria temos primeiro que compreender o problema que ela se propõe a resolver [...].

Vemos que Popper assinala que a teoria, como conhecimento acima do senso comum, seja individual ou coletivo, ajuda-nos a compreender uma situação ou a resolver um problema. Esse, aliás, é o grande problema que ocorre, historicamente, em nossas práticas pedagógicas, ou seja, ligar a teoria ao contexto, para a significação e/ou solução dos problemas. Precisamos, portanto, passar do paradigma do professor que se fixa no conteúdo a ser desenvolvido, preocupado em "passar" esse conteúdo teórico aos alunos, para o do professor que parte de problemáticas reais e significativas para o estudante e que o instiga a buscar no conteúdo a fundamentação para a compreensão e/ou solução dessas problemáticas.

A preocupação com a natureza humana também está presente em nossa proposta. Nisso estamos com Paulo Freire (1997), que tão bem diz que o educador, em sua prática, não pode desrespeitar a vontade, os desejos naturais da pessoa. Igualmente Meirieu nos ajuda a refletir:

> Respeitar o natural para nele introduzir o artifício, criar o artifício para nele promover o natural: tal é o movimento que pode ser, sem dúvida, situado no centro da aprendizagem; tal é o processo que ilumina as posições e os aportes da psicologia da aprendizagem (que estuda o natural) e da didática da aprendizagem (que inventa artifícios) (1998: 73).

O desafio consiste em desenvolver práticas pedagógicas em que a natureza humana seja respeitada. Isso exige do professor compreender como o ser humano aprende, como se motiva, como é possível provocar o desejo de crianças, adolescentes, jovens [...] para que o ensino e a aprendizagem sejam significativos. Precisa o professor, para tanto, conhecer as teorias que refletem sobre o ser humano. Significa, por exemplo, conhecer a teoria de Piaget, Vygotski, Meirieu, Freire, entre outros.

Voltemos ao processo. Novamente em Meirieu (1998: 181), encontramos reflexões para orientar o caminho metodológico a partir da necessidade de significar o conteúdo para os alunos. Esse autor busca na natureza humana o desejo de lidar com enigmas, com situações-problema, na busca de um sentido para a construção da identidade da pessoa:

> [...] a pedagogia das situações-problema parece-nos responder, ainda que modestamente, aos três desafios que constituem o ofício de ensinar: com efeito, tem, em primeiro lugar, uma *função erótica* pelo fato de tentar suscitar o enigma que gera o desejo de saber; tem, em seguida, uma *função didática* pelo fato de preocupar-se em permitir sua apropriação; tem, enfim, uma *função emancipadora,* pelo fato de permitir que cada pessoa elabore progressivamente seus procedimentos eficazes de resolução de problema. Três boas razões, ao nosso ver, para empenhar-se em sua aplicação.

Abordam-se, assim, alguns dos pressupostos que provocam na pessoa a vontade de buscar: o desejo (o autor chama de função erótica); a maneira como o novo é absorvido pela pessoa (função didática) e a necessidade do ser humano de constituir sua identidade e sua liberdade. Ser, enfim, pessoa capaz de compreender por que as coisas são como são (função emancipadora) e não apenas servir de objeto de manobra, decorando e repetindo coisas que não têm o menor sentido, ou apenas servem para uma limitada sobrevivência econômica. Ainda, segundo Gadamer (1988: 453-454), "a compreensão começa onde algo nos interpela".

Aqui se situam inúmeros problemas para a educação, em especial, para o professor. A falta de significado dos conteúdos para ele mesmo, pois tem quase total desconhecimento da história, do contexto, das situações e dos problemas que originaram esse conteúdo. Além disso, a formação e a cultura dos professores, em todos os níveis, está muito distante daquilo que propõem as teorias. Segundo Justo (2003: 21), "[...] a fim de estimular o aluno desmotivado é preciso ajudá-lo a mudar a percepção com relação ao estudo, referente a certa disciplina, ao professor etc. É o elemento-chave, o segredo do entusiasmo ou a falta de entusiasmo pela aprendizagem".

Vamos recorrer, novamente, a um outro autor, Perrenoud (1999b: 54). Apresenta ele a necessidade de formarmos pessoas competentes, que saibam resolver situações complexas e, ao mesmo tempo, estejam conscientes de preocupação, demonstrando-a com o tipo de práticas desenvolvidas pelos professores, pois estes não foram acostumados a trabalhar a matéria a partir de um problema.

Não queremos aqui, de forma alguma, dar a culpa a esses professores, pois não estamos procurando culpados e, se assim o fizéssemos, teríamos que enfronhar-nos também, novamente na história, analisar as questões políticas, culturais, ideológicas que geraram essa realidade, como já demonstrado anteriormente. Estamos, isso sim, buscando caminhos que possam auxiliar na aproximação entre a teoria e a prática, e possibilitar aos colegas a qualificação do seu fazer e, por que não dizer, encontrar mais significado e satisfação nesse fazer.

Partimos do pressuposto de que, para haver desejo de aprender e para que o ensino seja significativo, é preciso que o aluno seja instigado, a partir de situações e problemas significativos em seu contexto. O conteúdo, por sua vez, como um saber acima do senso comum, torna-se a referência para a compreensão das situações e/ou a solução dos problemas. Desta forma, acreditamos que o aluno consiga visualizar o significado do conteúdo e compreender por que o está aprendendo, como sugere Meirieu (1998: 172): "o que se impõe é que se tenha a certeza de um problema a ser resolvido e, ao mesmo tempo, da impossibilidade de resolver o problema sem aprender". Isso clareado e aceito, não é demasiado voltarmos a insistir na necessidade de rever as práticas que formam os professores.

No contexto destas reflexões, entendemos que encontramos um caminho significativo para a educação, caminho que pode oferecer aos professores uma importante orientação metodológica, baseada nos pressupostos de que devemos desenvolver pessoas competentes, com a mente em constantes exercícios complexos, de que a pesquisa deve estar presente no cotidiano da sala de aula, e de que o professor precisa provocar, estimular os alunos na busca de respostas para os porquês, em um movimento sistêmico contínuo. É isso também que sugere Berbel:

> A partir de um problema, busca-se compreendê-lo, fundamentá-lo, buscam-se dados para isso, que são analisados e discutidos; por último, são elaboradas hipóteses de solução, que devem ser colocadas em prática para serem comprovadas e validadas (1998: 32).

Tal conjunto de referenciais levou os professores, que vimos orientando, a aderirem a uma proposta metodológica que nos tem ajudado muito nos últimos anos. Trata-se do Arco de Maguerez, já citado por Bordenave e Pereira (2001), Berbel (1998) e por nós mesmos (HENGEMÜHLE, 2004: 103).

Esse não é o único referencial, nem tem a pretensão de o ser. No entanto, é um instrumento que, no caminho metodológico, consegue reunir, coerentemente, grande parte da síntese das teorias que contemplam o desejo e as necessidades humanas, em um contexto de constantes transformações, e onde as buscas são ilimitadas. Por isso, foi esse o referencial adotado pelos professores para exercitar suas práticas pedagógicas. O Arco de Maguerez, que trazemos abaixo, foi reconstruído por nós para que pudéssemos inseri-lo de forma significativa na prática.

ARCO DE CHARLES MAGUEREZ
(Adaptação: Adelar Hengemühle)

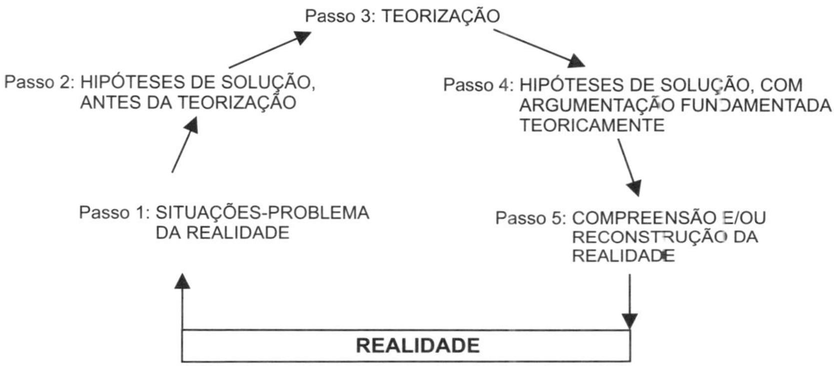

Como se pode perceber na Metodologia do Arco, o professor parte da realidade do aluno, busca iluminação no conhecimento teórico e retorna à realidade. Esse retorno, no entanto, não será mais no mesmo nível de competência anterior, pois agora, fundamentado no conhecimento adquirido, o aluno será mais capaz de compreender as situações e/ou resolver os problemas do contexto. Por outro lado, esse exercício também desenvolverá no aluno o hábito e o desejo da busca investigativa, pois vai criando novas perguntas e curiosidades que necessitam de novas respostas e suscitam novos problemas que pedem, por sua vez, novas soluções.

Para melhor compreensão de cada passo do Arco, eis algumas considerações:

Passo 1: Situações-problema da realidade (momento da provocação do desejo)

O professor inicia a aula, trazendo situações e problemas significativos para os alunos. Relembrando Vygotsky, essas situações e problemas precisam estar na zona de desenvolvimento proximal do aluno ou, segundo Piaget, é preciso conhecer e respeitar os estágios de desenvolvimento do aluno. O professor pode, também, tomando um tema significativo, solicitar que os alunos apresentem situações e problemas relacionados a este tema. O que é importante frisar nesse momento é que o professor, a partir de um tema, aborda as situações e problemas significativos para os alunos, sem ainda apelar ao conhecimento teórico (conteúdo).

Nesse momento inicial, percebemos que várias questões já começam a limitar a prática do professor ou, como costumamos dizer, "iniciar por situações-problema o processo, já é um problema para o professor". Senão vejamos: a) A formação e a cultura do professor é outra: iniciar pelo conteúdo (remoto), explicar aos alunos o conteúdo, fazer exercícios sobre o conteúdo, tirar dúvidas sobre o conteúdo e solicitar a sua repetição ou transposição na prova; b) O professor que não conhece o contexto, as situações e os problemas que originaram o conteúdo, como vai conseguir significar esse conteúdo no contexto, nas situações e nos problemas vividos pelos alunos?; c) A dinamicidade do contexto, no qual vivem os alunos, exige um olhar do professor sobre situações e problemas do cotidiano (jornais, revistas, internet, noticiário local e global [...]) e um exercício de aderência dessas situações e problemas aos conteúdos que são trabalhados em sala de aula.

Esses são alguns dos desafios que precisam ser superados pelos professores para desencadear esse primeiro passo do método.

Passo 2: Hipóteses de solução, antes da teorização
(continua o momento da provocação do desejo)

Apresentadas as situações-problema, o professor procura maximizar a provocação das hipóteses dos alunos. É importante lembrar que situação-problema que não provoca hipóteses não é uma situação-problema, é apenas situação com respostas já predefinidas e a serem decoradas. Aqui também percebemos as dificuldades e as limitações dos professores. Nesse momento, como os alunos ainda não tiveram contato com o conteúdo (conhecimento, fundamentação teórica [...]), cada um, no seu senso comum, na sua individualidade, nas suas concepções prévias, na sua cultura [...] irá posicionar-se para apresentar seus argumentos (normalmente *achismos*), para a compreensão ou a solução da situação-problema.

O professor, nesse momento, provoca, questiona, retira os alunos da sua cômoda posição de receber informações acabadas e repeti-las. Os alunos, por sua vez, são colocados em movimento e conflito mental, como sugere Perrenoud (1999b: 57), "pois devem procurar a solução, construí-la, o que evidentemente supõe que a tarefa proposta esteja em sua zona de desenvolvimento próxima e que possa apoiar-se em uma familiaridade com o campo conceitual implicado".

A Perrenoud podemos acrescentar um pensamento de Habermas (1997: 489): “o mundo da vida pode ser conceituado como sendo aquilo onde os participantes da interação iniciam e discutem suas operações interpretativas”.

Esses dois primeiros passos são fundamentais para o aluno sentir-se provocado a buscar no conhecimento mais complexo – na teoria – os referenciais que lhe permitam compreender por que as coisas são como são, enfim, para apropriar-se, de forma fundamentada, das explicações e/ou soluções.

Passo 3: Teorização (momento da iluminação, compreensão fundamentada das situações e dos problemas)

É nesse passo que a teoria tem importância e faz sentido, pois precisa responder, ou iluminar o desejo provocado nos alunos. Cabe-nos fazer algumas reflexões sobre nosso conceito de teorização, a partir da proposta aqui refletida. Compreendemos os termos conhecimento, saberes, teoria, conteúdos, ou outro nome que lhe queiramos dar, como sendo os dados descobertos e os conceitos elaborados pelos estudiosos e que estão situados além do senso comum de uma pessoa, ou de um grupo de pessoas, ou, ainda, de uma coletividade maior, permitindo compreender situações e/ou resolver problemas do contexto mundo.

Em consequência, conceituamos teóricos. Segundo nossa compreensão, são pessoas que, a partir dos seus conhecimentos prévios, por curiosidade ou necessidade, ou movidos pelo desejo de conhecer, ou resolver problemas do seu tempo, investigam situações, confrontam fatos e conseguem chegar a novas verdades (sempre relativas) que irão ajudar a humanidade na compreensão das situações e/ou solução dos seus problemas.

Diante dessas concepções, a partir das situações-problema apresentadas e das motivações provocadas, a teoria é a referência para que o professor possa levar os alunos a compreender, de forma significativa, as situações do mundo/vida e/ou tenham a capacidade de buscar, auxiliados pela teoria, a solução dos problemas da sua época. Além disso, esse exercício provoca novos desejos e novas buscas no aluno, além de abrir o horizonte para que ele, aluno, possa ser um inventor, um criador de novas teorias que sirvam, em princípio, para ele e, quem sabe, para a humanidade.

Passo 4: Hipóteses de solução, com argumentação fundamentada teoricamente (momento de comprovar, refutar, reconstruir as hipóteses e/ou testar a teoria em outras situações-problema)

A partir desse momento, o aluno precisa ser desafiado por novas situações-problema, ou ser levado a confirmar/refutar/reconstruir suas hipóteses anteriores. É o momento de exercitar a capacidade argumentativa, não por *achismo*, mas com fundamento na teoria. No coletivo da turma, através de argumentos fundamentados de cada um dos seus membros, podem-se construir consensos, que não significam diálogos mudos, em que um fala e os outros concordam, mas, como diz Marques (1993: 101), "são acordos racionalmente motivados, à medida que argumentar é oferecer razões que legitimem determinada pretensão". Esse, aliás, é o nosso grande sonho na educação, ou seja, que cada cidadão tenha competência para posicionar-se criticamente. Posicionar-se não por *achismo*, mas por critérios que fundamentam a posição. Retomamos novamente Paulo Freire (1997: 43) quando este expressa esta ideia muito bem ao afirmar: "o que se precisa é possibilitar que, voltando-se sobre si mesma, através da reflexão sobre a prática, a curiosidade ingênua, percebendo-se como tal, vá se tornando crítica". Essa criticidade, de que fala Freire, é exatamente a capacidade de analisar e/ou solucionar as situações e os problemas do meio, com argumentos teóricos. É, enfim, saber por que afirmamos aquilo que estamos afirmando.

Nesse momento, além de fazer uma análise das hipóteses anteriores sobre as situações-problema iniciais, é importante o professor, em parceria com os alunos, suscitar novas situações-problema, para que a capacidade argumentativa seja exercitada em outras dimensões. Esse exercício permite aos alunos refletirem sobre as mais diversas concepções vividas por eles e provocar, em consequência, o constante ir e vir entre a realidade e a teoria, para buscar os fundamentos e expressar, de forma argumentativa, as compreensões das situações, ou as soluções dos problemas que os fundamentos possibilitam.

Passo 5: Compreensão e/ou reconstrução da realidade (momento de ressignificar a teoria na realidade)

Nesse momento, é importante que o aluno, individual ou em grupo, tenha a possibilidade de produzir algo de forma reflexiva, nunca perdendo de vista a análise de situações-problema reais e significativas, à luz da teoria. Infelizmente, na educação atual, percebemos que os alunos têm grande limitação em escrever, no final de um processo, ao menos um parágrafo, com fundamentos teoricamente argumentados. Aliás, o próprio planejamento do professor demonstra, muitas vezes, que ele mesmo não compreende a metodologia como um caminho que tenha uma sequência lógica entre começo, meio e fim (sempre relativo), cujos elos o aluno perceba e expresse. Pelo contrário, quando olhamos o planejamento dos professores, normalmente, encontramos a metodologia sendo conceituada como aula dialogada, saída de campo, trabalho em grupo [...]. Por isso, concordamos com Bordenave e Pereira (2001: 10), que a Metodologia do Arco é um importante orientador para o professor. Com ele

> a aprendizagem torna-se uma pesquisa em que o aluno passa de uma visão sincrética ou global do problema a uma visão analítica do mesmo – através de sua teorização – para chegar a uma síntese provisória, que equivale à compreensão. Desta apreensão ampla e profunda da estrutura do problema e de suas consequências nascem hipóteses de solução que obrigam a uma seleção das soluções viáveis. A síntese tem continuidade na práxis, isto é, na atividade transformadora da realidade.

Com essa forma, conseguimos orientar uma prática de ensino e desenvolver a construção do conhecimento coerente com a grande maioria dos conceitos preconizados pelos teóricos da educação nos últimos anos.

Cabe, enfim, geralmente, uma importante reflexão sobre a relação estabelecida entre a Metodologia do Arco, as práticas da grande maioria das escolas contemporâneas e as teorias que sugerem o desenvolvimento de processos pedagógicos tendo como foco os temas geradores. Nas práticas tradicionais, em que se tem um programa (lista de conteúdos) a vencer em cada série, o professor, tendo ciência do conteúdo a desenvolver, seguindo parcialmente nossa proposta, busca, no contexto, situações e problemas que encontrarão no conteúdo a sua compreensão ou solução.

Por sua vez, nos temas geradores, a instituição escolar busca, junto da comunidade interna e/ou externa, temas (situações, problemas) para cada série, ou ciclo e, a partir dos temas, define os conteúdos que possam proporcionar aos alunos a sua compreensão e/ou solução. Trabalhar a partir de temas geradores talvez esteja mais próximo da proposta aqui defendida, pois o professor, nesse caso, tem ao seu dispor situações e problemas significativos da comunidade escolar e os conteúdos; enquanto na prática tradicional, a partir da lista de conteúdos, é preciso encontrar situações e problemas significativos no contexto.

Embora o processo organizacional seja diferente, o caminho metodológico é o mesmo. Vejamos:

- nas práticas, que aqui chamamos tradicionais, temos os conteúdos definidos; buscamos as situações e problemas significativos e desenvolvemos o processo;

- nas práticas que partem de temas geradores, temos as situações e os problemas definidos; buscamos, então, o conteúdo e desenvolvemos o processo.

Em síntese
Situação-problema: enigma instigador.
Hipóteses antes da teorização: momento do caos, da necessidade em buscar solução ou compreensão.
Teorização: momento da luz para a solução ou compreensão.
Hipóteses pós-teorização: momento da reflexão fundamentada na teoria.
Compreensão, reconstrução da realidade: momento do sentido mais pleno do ato de estudar, pois a teoria mostra-se útil, significativa.

2.7 Uma última contribuição

Para os colegas professores que se queiram exercitar nessa caminhada, sugerimos:

a) Para significar o conteúdo:

- **Passo 1:** Selecionem um conteúdo do seu componente curricular em determinada série;

- **Passo 2:** Investiguem o contexto, as situações e os problemas que deram origem a esse conteúdo;

- **Passo 3:** Busquem situações e problemas do contexto contemporâneo, onde esse conteúdo seja significativo para os seus alunos nesta série (respeitando o nível de desenvolvimento, contexto onde vivem [...]).

b) Para desenvolver a prática pedagógica, tendo como referência o Arco de Maguerez, exercitem-se nos seguintes passos:

- **Passo 1**: Selecionem uma situação-problema e pensem como seria mais significativo apresentar essa situação-problema aos alunos.

- **Passo 2**: Imaginem que hipóteses teriam os alunos antes da teorização e como esse momento poderia ser desenvolvido.

- **Passo 3**: Apontem o conteúdo que será abordado para iluminar a compreensão e/ou a solução do problema e pensem como poderiam desenvolver esse momento.

- **Passo 4**: Imaginem que hipóteses fundamentadas teriam os alunos agora, após a teorização, e como esse momento poderia ser desenvolvido.

- **Passo 5**: Planejem como levar os alunos a produzir e a demonstrar sua capacidade de compreensão e/ou capacidade de solução do problema abordado.

PARTE 3

Entre as concepções teórico-práticas: o que pensam os professores

As reflexões que apresentamos nesta terceira parte apresentam os depoimentos de um grupo de professores que participaram de pesquisa na tese de doutorado. Escolhemos sete professores da Educação Básica que vêm, há três anos, sendo acompanhados por nós e que têm buscado concretizar esses referenciais teóricos em sua prática. São, portanto, depoimentos que relatam os avanços e as limitações na sala de aula.

Por outro lado, também, em nível teórico, procuramos saber de sete professores do Ensino Superior que formam professores, sobre suas concepções em relação aos conceitos teóricos aqui defendidos, ou seja, a importância da visão histórica para ressignificar os conhecimentos, a problematização como elemento instigador e provocador do desejo de aprender e o Arco de Maguerez como referência para dinamizar a prática pedagógica. São, portanto, opiniões de quem teve contato com os conceitos, não com o exercício na prática.

Junto com esses dois grupos, trazemos os depoimentos de alunos da graduação e pós-graduação com os quais procuramos exercitar, durante nossas aulas, os referenciais teóricos propostos. Muitos desses alunos, também professores, a partir das aulas, estão buscando dinamizar suas aulas apoiados por esses referenciais.

Ao relatar esses comentários, a seguir, entendemos que estes vêm clarear o sentido dos referenciais apontados, iluminando e motivando os professores em suas inquietações. Permeamos esses depoimentos com a lembrança dos teóricos citados nas partes 1 e 2.

3.1 Historicidade: ressignificar os conhecimentos historicamente produzidos

> *[...] acreditamos nas aquisições sem história, postulamos incessantemente a existência de máquinas de aprender, ocultamos eternamente o processo em benefício do produto. Esquecemos, até mesmo, a gênese de nossos próprios conhecimentos e, não lembrando mais tê-los construído, acreditamos poder transmiti-los* (MEIRIEU, 1998: 52).

A fim de conhecer a opinião dos professores sobre a importância da historicidade para compreender os conhecimentos, fizemos a seguinte colocação: *é natural o ser humano querer compreender por que as coisas são como são. Algumas teorias da contemporaneidade sugerem que o professor e o aluno, para compreender e significar os co-*

nhecimentos hoje, necessitam conhecer as situações e os problemas que originaram esses conhecimentos e as transformações que os mesmos sofreram no processo histórico. O que você pensa sobre esse conceito?

Lançada a questão, começamos a ouvir e a registrar a opinião dos professores. Iniciando pelos professores do Ensino Superior, eis o depoimento de um deles (ES1)[1]:

> Como professor de História da Matemática concordo plenamente com o parágrafo acima. Tornei-me melhor como professor e como pessoa quando assimilei a história da ciência, feita através de homens extremamente eficazes de um lado e falíveis de outro. Percebi a ciência como uma linguagem. E por isso mesmo uma construção humana. Acho essa possibilidade importante proporcionada pelos tempos em que vivemos.

É significativo ouvir as iluminações e as possibilidades que os professores veem descortinar-se no momento em que conhecem o processo histórico dos conhecimentos que desenvolvem. E tão e mais significativo ainda é perceber como isso reforça o que diz Vasconcellos (2003), isto é, que resgatar a história do conhecimento ajuda a ressignificá-lo.

Outro professor aborda a necessidade de compreensão histórica do conhecimento; no entanto, percebe-se

---

1. Para identificar as falas dos professores investigados, denominamos de ES os professores do Ensino Superior e de EB os da Educação Básica, acrescidos, ambos, do número que os identificou durante a pesquisa.

que remete essa necessidade para o aluno e não para o mestre. Entendemos nós que, antes de trabalhar com o aluno, o professor já precisa ter desenvolvido essa compreensão em si. Significar para si, professor, antecede significar para os outros (os alunos). Vejamos o que diz o docente (ES4):

> Concordo plenamente. No ensino de Biologia e Ciências Naturais, principalmente, é fundamental que o aluno compreenda o desenvolvimento histórico de certos conceitos e as tentativas e erros que, ao longo da história, construíram as teorias e conhecimentos atuais da Ciência. É muito comum o aluno ter a noção equivocada de que a Ciência é sempre correta e tem resposta para tudo. O trabalho desenvolvido a partir da contextualização histórica facilita uma tomada de consciência do aluno de que a ciência, sendo algo construído pelo ser humano, é passível de erros e deve estar constantemente sendo questionada e atualizada. Um exemplo disso é a noção do conceito de "evolução biológica", algo que parece tão óbvio, mas que apresenta uma variedade enorme de interpretações pelo senso comum. Quando o aluno é confrontado com o momento histórico em que cada uma das teorias mais conhecidas foi estabelecida, consegue perceber os erros cometidos pelos teóricos e estabelecer relações com os fatos científicos atuais, como clonagem, transgênicos, terapia gênica etc.

Esse professor traz à reflexão aspectos muito significativos sobre a importância do conhecimento histórico do conteúdo, inclusive, apontando como a sua falta gera falsas interpretações dos conhecimentos ao longo da história. No entanto, cabe retomar o que sugere Moretto (2001), a saber, que o professor precisa conhecer o conteúdo, lógico, antes do aluno, ou, ainda, o que propôs Vasconcellos (2003), isto é, que o professor precisa conhecer a história para poder dar sentido ao conteúdo.

Outro investigado (ES5), além de fazer várias considerações complementares sobre o desenvolvimento da ciência em geral (o professor investigado é professor de Ciências Biológicas), acrescenta reflexões sobre a necessidade da compreensão da historicidade do conhecimento para sua ressignifcação. Como diz:

> O ensino de Ciências passou por uma grande mudança no seu enfoque (em especial no ensino de Física) ao final da década de 1950, abandonando-se a ideia de que o ensino de Ciências era um corpo de conhecimento estabelecido. No início da década de 1960, surgiram vários projetos vinculados a todas as áreas de conhecimento das Ciências em alguns lugares do mundo. Neles se priorizavam os processos de Ciência ao invés de seus conteúdos, sendo dada especial importância à estrutura da Ciência, ao papel da teoria científica, à natureza do método científico (o tradicional, mas equivocado empirismo-indutivismo) e ao propósito dos experimentos. O objetivo desses projetos era fazer com que os estudantes gostassem de Ciências, se encorajassem a seguir uma carreira científica a partir do conhecimento sobre o que fazem os cientistas. Alguns desses proje-

tos foram trazidos para a América Latina e, apesar do esforço e grande investimento, falharam. Vários motivos podem ser considerados para este fracasso, mas merecem consideração especial a questionável visão de Ciência que era transmitida, a distância entre os objetivos desses projetos e as necessidades reais das escolas e também a forma totalmente desvinculada da contextualização histórica, que obviamente tornavam o método desinteressante para praticamente todos os alunos. Um programa de educação, não só nas Ciências, é incompleto sem o conhecimento teórico (fatos, princípios, teorias etc.) e sem uma visão de Ciência, onde aí se enquadram a experiência direta com a atividade científica, o estudo das relações entre Ciência, tecnologia e sociedade e o conhecimento do contexto histórico, econômico e social onde os conhecimentos foram construídos. Isso é de vital importância o desenvolvimento crítico a respeito do objeto de estudo, de sua importância e de seu papel atual na vida das pessoas. Uma proposta metodológica de ensino deve então ter uma forte base epistemológica e histórica, pois na História e na Filosofia da Ciência é que estão os fundamentos teóricos para o desenvolvimento de qualquer metodologia. Na História e na Filosofia da Ciência percebe-se, por exemplo, que ao longo de toda a história do ser humano ele não "descobre" o mundo. Ele constrói uma visão sobre ele através do confronto de suas pré-concepções com aquilo que ele

> observa, ou seja, ele não é um observador neutro. Todo o contexto histórico, econômico e social influencia o cientista fortemente assim como influencia a humanidade inteira.

Fizemos questão de transcrever esse depoimento na íntegra, pois este vem acrescentar dados significativos sobre a importância da compreensão do processo histórico do conhecimento. A reflexão final, em especial, vem ao encontro das ideias aqui defendidas e as ilustra, quando o professor diz que todos somos influenciados pelo contexto, e neste, a dimensão histórica aparece em evidência. Talvez Silva (1995a) tenha conseguido sintetizar esses pensamentos do professor quando diz que a história nos dá a identidade.

De forma mais sucinta, também outro professor (ES6) se posiciona:

> Atualmente, não consigo compreender ensinar/aprender sem a visão histórica, seja com relação a um contexto mais geral, seja com relação à história das disciplinas. Acredito que a abordagem dos assuntos, nessa perspectiva, torna-se mais interessante e cria mais possibilidades para o estabelecimento de relações entre diferentes áreas de conhecimentos.

Por fim, outro docente (ES7) questiona:

> Acho fundamental compreender significados relacionados ao objeto, tema, fato, discurso ou outro, mas também a uma série de ele-

> mentos conjunturais que dão suporte àquele tipo de expressão, àquele conhecimento. Assim, se formos pensar a própria questão das perspectivas teóricas sobre a educação, elas adquirem significado em relação a um determinado tempo e espaço, podendo influenciar outras perspectivas, outros espaços e tempos, atravessando anos, décadas ou séculos, mas em muitos casos o que veremos será a sua obsolescência. Nossa escola hoje já havia sido assim pensada no início da Modernidade, muito se transformou no mundo, mas a escola, grosso modo, continua um espaço que está preso em determinados paradigmas no mínimo questionáveis hoje em dia.

Crítica parecida já formulada por Meirieu (1998), ao comentar que não valorizamos a história do conhecimento, não o conhecemos e queremos transmiti-lo.

Essas, entre outras colocações dos professores, formam um quadro referencial que nos faz acreditar que a ressignificação histórica é um caminho importante a ser trilhado pelos formadores de professores, ou por aqueles já formados. Para ambos os grupos essa investigação pode ser dinamizada através de grupos de estudo, constituídos nas próprias instituições. Como sugere Berbel (1998), o professor precisa estar em constante formação.

O resgate histórico exige dos profissionais da educação a investigação e o aprender a aprender os seus conteúdos. Se no Ensino Superior que forma os professores essa dimensão estiver presente, já seria grande avanço. Nos cursos que formam professores temos disciplinas que abordam a metodologia de cada área de ensino. Nessas disciplinas poderia ser incorporada a ressignificação dos principais conteúdos desta área, o que já proporcionaria ao professor base mais qualificada.

Nesse sentido, vemos importante enfatizar a reflexão de um professor que se mostra preocupado, pois, embora concordando com a importância do resgate histórico, vê o mesmo como um certo idealismo, pois se o professor já está limitado nesse sentido em sua formação inicial, precisando, para sobreviver, estar 50 a 60 horas semanais em sala de aula, sobra-lhe muito pouco tempo para essa busca. De acordo com o professor (ES3):

> Penso que é muito importante poder estabelecer esse resgate histórico do processo de formação dos conhecimentos e de suas transformações ao longo do percurso. Acredito que o professor deveria fazer isso sempre que possível. Contudo, parece que tal conceito guarda certo idealismo, ou ao menos um ideal que nem sempre é possível. O nível de especialização necessária para isso nem sempre condiz com nossa realidade.

No entanto, se Vasconcellos (2003) diz que o professor precisa constantemente estimular as inteligências, apesar dos limites impostos pela profissão, ele necessita, previamente, estimular a própria mente, apesar do tempo limitado. Temos percebido, com os professores que acompanhamos, tratar-se muito mais de uma mudança de paradigma do professor, do que um maior gasto de tempo. Podemos acrescentar a isso que, no novo paradigma, o professor, por fazer com maior satisfação, fica menos estressado e tem maior sucesso e motivação no seu fazer.

Um outro professor chama a atenção para o fato de que o conhecimento do processo histórico dos conteúdos também ajuda a discernir melhor o que, neles, é mais ou menos significativo (ES2):

> Conhecer os caminhos que determinados conhecimentos, em cada área, percorreram, possibilita identificar que aspectos são mais importantes. Se algumas informações ou teorias continuam tendo relevância, enquanto outras tornaram-se obsoletas, leva a crer que as que se mantêm são atemporais (provavelmente, caracterizem-se por uma certa perenidade). É preciso um conhecimento mais abrangente para verificar o que é importante e poder prever as transformações que continuarão ocorrendo no processo histórico que vivenciamos.

Esse, aliás, é um foco de discussão há muito tempo entre os professores quando se questionam: que conteúdos são mais relevantes? Contreras (2002) já fazia esse questionamento ao comentar que a falta de compreensão cultural, histórica e social do conhecimento causa perplexidade e a incapacidade cognitiva.

O desconhecimento do significado e das situações que esses conteúdos historicamente ajudaram a compreender, ou os problemas que ajudaram a resolver, limita, e muito, a formação de opinião crítica sobre o que deve ser mais privilegiado no contexto da Pós-modernidade. Esse problema está angustiando os docentes, hoje, pois, como muitas vezes ouvimos dos mesmos, oferecemos conteúdos obsoletos e não desenvolvemos outros que hoje são fundamentais. Chamamos a atenção sobre o limitado conhecimento da história do conhecimento que pode provocar-nos a tomada de decisões equivocadas nesse sentido, deixando de lado aspectos significativos, com a consequente produção de lacunas na formação dos alunos.

Com os professores da Educação Básica, que já vêm há três anos exercitando através de grupos de estudo e reuniões o resgate histórico dos conhecimentos que desenvolvem, vamos perceber convicções mais definidas sobre o assunto. De acordo com um professor (EB1):

> [...] quantas vezes fomos interrogados: professor, para que serve isso? E respondemos que serve para passar de ano, ou ainda, um dia você vai saber. O desejo do educando com perguntas assim é encontrar um sentido, uma conexão do conteúdo escolar com o mundo vivo.

Segundo esse investigado, se o professor não compreendeu historicamente o conteúdo, vai sempre responder com evasivas, como as apontadas. Cabe aqui, novamente, a reflexão de Contreras (2002) quando diz que a falta da compreensão histórica torna o professor incapaz de compreender adequadamente o conhecimento.

Outro professor (EB3) assim se pronuncia sobre a importância do conhecimento histórico:

> Extremamente importante, pois isto dá um embasamento para se estudar a disciplina apre-

> sentada. Muitas vezes o *aluno*[2] (apesar de achar errado esta palavra) não consegue ver relação com o cotidiano ou até mesmo entender a origem histórica da situação que levou àquele conteúdo. O educador está como uma das bases para estas informações e utilizando fatos concretos problematizados para sanar estas dificuldades que se mostram, muitas vezes, no silencioso olhar do estudante.

Para dar conta dessa situação o educador precisa, como propõe Soares (2001), refazer, repensar o passado com as ideias de hoje.

Outro depoimento (EB6) segue:

> No ensino da física é muito relevante saber em que contexto e por que em determinado ponto de nossa sociedade se fez necessário certos avanços na tecnologia, desse modo a contextualização histórica dos conceitos é importante para uma melhor assimilação dos mesmos. Outro questiona: "Como o professor pode dar sentido ao que ensina se não conhece como surgiu? Aquilo de que não temos conhecimento de como surgiu é uma informação frágil, quebrável, pois não temos teorias seguras para argumentar sua importância se formos questionados, principalmente, pelos alunos. Se, por exemplo, um professor não sabe como, nem por que surgiram os números primos,

---

2. O professor gosta mais do termo estudante, pois aluno é sem luz própria.

> como ele poderá dar significado a este conteúdo e fazer seu aluno entender sua aplicação numa realidade conhecida?

Aqui o conhecimento histórico dos conteúdos dá segurança ao professor na sua própria compreensão e, logicamente, isso irá também se refletir sobre os alunos. As ideias de Cury (2003), aqui, ganham toda a sua vigência, pois o autor afirma que é preciso reconstruir o clima emocional dos que pesquisaram no passado e chegaram à construção de um conhecimento, ou, ainda, contar a história dos cientistas.

Um professor de História (EB4) assim se expressa:

> Principalmente para a historiografia, o conhecimento do sujeito contemporâneo só é possível entendendo o processo histórico pelo qual passou a sociedade. Assim, procurar interpretar as sociedades que nos antecederam, procurando entender essas sociedades não sob a nossa ótica, mas sobre as realidades vividas pelas sociedades estudadas. Tentar reconstruir as sociedades sob a perspectiva dessas sociedades é o primeiro passo para abdicarmos de preconceitos e determinismos.

Acrescentamos a esse pensamento do investigado uma idéia de Contreras (2002), quando afirma que o sentido histórico dos conhecimentos nos emancipa das tutelas externas. Ou seja, conhecendo o processo histórico do conteúdo, conseguimos construir argumentos fundamentados e dar sentido a ele. A compreensão do processo histórico evita, assim, conclusões errôneas ou com pouco embasamento.

Outro professor (EB5) traz o difícil que é, hoje, o assimilar o conteúdo diretamente, devido à complexidade, razão por que sua ressignificação é fundamental para a compreensão:

> Por um lado, o conhecimento atual é complexo demais para ser assimilado diretamente, é necessário que se estudem os passos que levaram à sua formação para que haja compreensão do seu significado e mediar a formação de indivíduos aptos a assimilarem e aplicarem seus desdobramentos futuros. Por outro lado, o estudo evolutivo do conhecimento implementa a noção do ser humano produtor de cultura, compara a evolução social e cognitiva, ou seja, por si só é transdisciplinar.

O próprio resgate histórico nos mostra que os conteúdos não surgiram de forma fragmentada. Seu surgimento deu-se por questões interdisciplinares, sejam sociais, econômicas, políticas, enfim, desde os tempos primitivos, elas nasceram, entre outras razões, para que o homem pudesse regulamentar sua vida em sociedade. É significativa, também, a reflexão desse professor quando diz que a cultura é reconstruída, produzida pelo homem, como também foi afirmado por Freire (1997). É em especial aqui, nessa reconstrução, que visualizamos melhor a necessidade de utilizarmos o conhecimento histórico para apoiar-nos na construção da nova cultura.

Outro professor (EB2) contribui com a convicção que sedimentou a partir do que tem aprendido nas leituras e percebido na prática:

> só há significação e motivação quando eles percebem que os problemas e situações atuais, vividos por eles (os alunos) e/ou suas comunidades, têm relação com os fatos e que poderão entender, ou resolver, ou contribuir para resolver os problemas.

Ainda outro investigado (EB1) lembra que as coisas não são estanques, mas dinâmicas, desvendando um conhecimento para dar suporte ao outro:

> Vejo que possibilita, tanto para o professor quanto para o aluno, um pano de fundo para as atuais construções intelectuais e de vivência empírica. Mostra para ambos que as coisas não são estanques, pelo contrário, que estão e devem estar sujeitas a novas releituras, sendo estas com fundamento.

Exatamente, o conhecimento histórico, como o temos mostrado, é luz para a realidade atual e ajuda a construir novas compreensões. Complementamos essas ideias com um outro pensamento de Cury (2003), dizendo ser necessário desvelar a ansiedade, os erros, as dificuldades e as discriminações que os cientistas em suas épocas sofreram. Esse desvelamento, certamente, ajuda a ressignificar o conhecimento atual e possibilita a compreensão de situações hoje.

Seguem-se alguns outros depoimentos mais sucintos: "Conhecendo como as coisas ou teorias foram criadas ou descobertas, e o processo histórico envolvido, fica mais fácil entender o desenvolvimento de alguns conteúdos" (EB3); "[...] quando se sabe a origem e a importância se aprende melhor e se dá sentido ao conhecimento" (EB5); "[...] em nada se atua com propriedade sem ter em primeiro lugar, para si mesmo, o sentido da ação" (EB4); "[...] uma fundamentação teórica é importante, a fim de promover a ligação conhecimento x desenvolvimento x prática. Não o teórico propriamente dito, mas sim o de onde vem, como vem e para que vem" (EB6). Essa visão ratifica ideias como a de Freire (1997) sobre a utilidade do conhecimento; de Vygotsky (1994) chamando a atenção sobre a necessidade de captar a estrutura do processo; ou ainda a de Marques (1993), que lembra serem os conhecimentos construções históricas.

São, enfim, depoimentos que corroboram os anteriores, demonstrando e legitimando os referenciais teóricos utilizados por professores que estão percebendo os seus resultados na prática, que estão exercitando os alunos a partir de situações-problema significativas para provocar o desejo; e que estão vendo que sem o resgate e a compreensão histórica dos conteúdos esse processo ressignificante fica limitado, ou não se concretiza. Confirmam, assim, a sensatez da intuição de Vasconcellos (2003), que afirma que a ausência do resgate histórico desmotiva o próprio professor, pois lhe limita o sentido dos conhecimentos e que, por isto, insiste em que o professor precisa perguntar-se: de onde vêm as ideias que eu incorporo?

Trazemos, também, a reflexão de uma professora de Matemática que, concordando com a importância do conhecimento histórico do conteúdo, chama a atenção sobre o fato de que, na hora da problematização e do desenvolvimento do processo, é um grande desafio conseguir adequar as problemáticas trazidas para que o aluno se motive, pois este traz incorporado a si a cultura do imediatismo, da repetição e da decoreba. Isso demonstra como é um desafio para os professores conseguirem incorporar situações problemáticas que estejam na área de interesse dos alunos e levá-los a enfrentar desafios, como já propunha Mosquera (1977) quando afirmava que é preciso respeitar os interesses e as expectativas dos alunos. Eis o que diz o professor (EB7):

> Acho correto, porém deve ser trabalhado de uma forma dinâmica e simples, pois o nosso aluno é muito imediatista e não aceita vivenciar uma situação que, para ele, não interessa mais. Nós, os professores de Matemática, enfrentamos muito essa dificuldade na fundamentação dos conteúdos, pois precisamos o tempo todo estar mostrando a importância de trabalharmos determinados tópicos dos mesmos.

Teóricos, como Freire (1997), entre outros, já chamavam atenção sobre esse aspecto, ou seja, conseguir motivar e despertar o desejo dos alunos e propor-lhes situações-problema que efetivamente os provoquem em seus contextos. Outro professor (EB5) complementa: "[...] nem sempre resulta em uma resposta positiva dos alunos. Isso pode ocorrer por imaturidade ou mesmo por falta de interesse; o certo é que, naquele momento, não significou nada". Para facilitar esse processo, é importante que o professor apresente situações-problema, apresente problemas com os quais os alunos convivam, e dos quais gostariam de ter uma melhor compreensão, ou para os quais gostariam de achar uma solução. À medida que os alunos vão criando o hábito dessa dinâmica, poderão responder mais positivamente, e mesmo o farão com mais motivação que hoje.

Acrescentamos aos comentários dos professores da Educação Básica e Superior, a opinião dos nossos alunos da graduação que frequentam os cursos de formação de professores. Há vários semestres, como professor da disciplina de Didática, temos nos desafiado em colocar em prática a metodologia indicada em nossos referenciais teóricos – Bordenave e Pereira (2001) e Berbel (1998), por exemplo. Os alunos vão sendo solicitados a problematizar e dar-se conta de que, para ressignificar e problematizar os conteúdos que irão trabalhar em sala de aula, necessitam da investigação histórica dos mesmos. Assim, durante as aulas, os alunos selecionam um ou mais conteúdos componentes da sua àrea de formação e investigam as situações e os problemas que originaram esse conhecimento. Fazem, a seguir, a ponte ressignificativa para o contexto atual, quando, com o conhecimento histórico, conseguem visualizar as situações e os problemas em que esse conhecimento pode ser útil para os seus futuros alunos. Após essa ressignificação, exercitam-se na metodologia, seguindo o caminho do Arco de Maguerez.

Os depoimentos, a seguir, foram colhidos, por escrito, com os alunos no final do semestre de 2004/2 e 2005/1, após a conclusão de todo o processo, inclusive depois do fechamento das médias do semestre, a fim de que os seus depoimentos fossem, o quanto possível, autênticos. Foram questionados sobre quais seriam as limitações do professor, caso desconhecesse a historicidade dos conteúdos. Segundo um deles: "Domínio insuficiente do conteúdo; dificuldade para identificar situações-problema e de apresentá-los". Outro: "Não há conhecimento sem entender e conhecer o processo histórico, saber que cada indivíduo tem sua experiência de vida e com isso sua cultura, suas emoções e habilidades". Um terceiro: "Ele se preocupará em só passar o conteúdo sem a prática da vida, formará alunos mecânicos que desconhecem a origem da situação". Mais um: "O não conhecimento do conteúdo que será apresentado vai gerar insegurança no professor e no aluno que não se sentirá apto para exercer seu papel". Esses pensamentos também vêm ao encontro, por exemplo, do já sugerido por Cury (2003) e Contreras (2002).

Por outro lado, questionamos os alunos sobre as condições de um professor que domina o processo histórico do conhecimento que desenvolve. De acordo com um deles: "fará de sua aula uma prazerosa aula onde os alunos sairão qualificados, que utilizarão esta prática na vida". Outro comenta: "pleno domínio do conteúdo, dinamismo para expor a situação-problema de forma clara". Ainda outro: "[...] é que esse profissional será um professor que conseguirá com que seus alunos saibam significar na prática os conteúdos teóricos aprendidos na aula". E ainda outro: "Professor com domínio do conteúdo, pois conhece o seu processo, elaborando uma prática pedagógica que estimula, partindo de situações-problema". Aqui cabe uma reflexão de Silva (1995a), quando comenta que aquilo que somos, o sentido do que somos, depende da nossa história.

Para nós, que há vários anos estamos buscando dar à prática pedagógica novo sentido, tornando-a motivadora, é muito significativo lembrar fatos relevantes dessas aulas de didática, pois, como há na mesma turma alunos de cursos diversos (química, física, matemática, letras, educação física, filosofia, pedagogia...), no momento em que cada área socializa a historicidade de um conhecimento de sua área, percebemos nitidamente que, na origem dos conhecimentos, os mesmos estão integrados. Nascem, portanto, de uma concepção intertransdisciplinar (VASCONCELLOS, 2003). Percebem os alunos que, posteriormente, os conteúdos foram separados em disciplinas fragmentadas e se dão conta de que isso provocou a fragilização da compreensão e tornou os conhecimentos insignificantes com o passar do tempo.

Portanto, além do problema de terem sido passados de uma situação contextual para outra, sem ressignificação, os conteúdos ainda foram fragmentados e tirados da sua concepção inicial quando, muitas vezes, nos primórdios visavam ajudar a compreender situações e/ou resolver problemas de ordem social, econômica, política [...]. Essa passagem insignificante de um contexto para outro, como afirma Castoriadis (1989a), retira dos conteúdos o sentido de sua existência.

Temos, assim, em síntese, algumas opiniões de um grupo de 98 acadêmicos, futuros professores, que têm uma história de vida como eles e, muitas vezes, se perguntaram: Professor, por que estamos aprendendo isso? Qual é o sentido disso?

Também é motivador ver muitos desses acadêmicos, que já são professores em escolas de Educação Básica, relatarem, após nossas aulas do semestre, como eles têm conseguido avançar na qualificação das suas aulas, ao ressignificar para si, e para os alunos, os conteúdos, seguindo as orientações da metodologia exercitada nas aulas de didática. Isso traz alento para nós, como professor, e solidifica nossa crença de que é possível mudar as práticas, pois somos testemunhas dos olhos brilhando dos nossos alunos na graduação e ouvimos os depoimentos desses nossos alunos-professores de como brilham os olhos dos seus alunos ao estarem em contato com conhecimentos em processos significativos.

3.2 Importância da problematização para desencadear uma prática pedagógica instigadora e significativa

> *A aprendizagem precisa ser desejada, apoiada no interesse por resolver um problema, detectar os problemas reais e buscar para eles soluções* (BORDENAVE & PEREIRA, 2001: 24).

Após ter relatado o que os professores e alunos pensam sobre a importância da historicidade e as limitações que essa falta de conhecimento lhes traz, buscamos, agora, saber deles como a problematização pode ajudar a motivar os alunos no início do processo, momento em que a provocação do desejo é fundamental para que o aluno se sinta instigado a querer conhecer o conteúdo e, assim, compreender situações que o molestam. Lembramos que nossos referenciais teóricos (COLOM, 2004, entre outros) indicam a importância da provocação do caos no sujeito para que experimente a necessidade de buscar nova ordem.

O enigma, como também já abordado nos referenciais (CANIVEZ, 1991; MEIRIEU, 1998; PERRENOUD, 1999b; MORETTO, 2001; ANTUNES, 1998; FREIRE, 1997, COLOM, 2004), é, por natureza, um acicate para provocar a motivação da pessoa. Estando nessa situação incômoda, o sujeito busca solução e a solução, ou compreensão, está, nesse caso, no conteúdo a ser conhecido.

Questionados, os professores do Ensino Superior concordam sobre a importância de iniciar o processo pedagógico apresentando ou solicitando que os alunos tragam uma situação-problema relacionada a uma temática que mais tarde irá significar o conteúdo desenvolvido. De acordo com um professor (ES1), a situação-problema "é o elemento a desencadear para nortear as possibilidades e construções mentais de base teórica sobre a realidade colocada". Esse professor é seguido por outro dizendo estar assim (ES3) "[...] configurado o despertar da curiosidade do aluno para com o conteúdo que será trabalhado. Ela instiga, leva ao desafio, é a porta que abre para a "sala" do conhecimento".

Embora se perceba que, na prática, esses ideais ainda ficam muito no campo teórico para os professores, é muito positivo sentir que eles vão se dando conta que a situação-problema é significativa para os alunos, e que são o começo de uma caminhada metodológica inovadora. Cabe aqui lembrar, novamente, a história da formação dos professores, pois, de acordo com Perrenoud (1999b), os professores não estão acostumados com a problematização.

Seguimos com o depoimento de outros professores. De acordo com um deles (ES5), a situação-problema é "fundamental para despertar o interesse do aluno, pois, uma vez perdida a oportunidade de conquistá-lo, a aula não terá aproveitamento". Como em tudo na vida, é no primeiro momento que se consegue chamar a atenção ou não para algo. Por isso é que Colom (2004) diz que a solução de problemas é o primeiro passo para despertar o desejo. Após esse momento inicial, perdido o desejo, é muito difícil recuperá-lo. Com isso concorda outro professor (ES7): "é o momento fundamental para criar uma via de interesse, instigar a indignação pelo saber, ativar o cérebro para o movimento dialético".

Como pudemos apontar na metodologia do Arco de Maguerez (BORDENAVE & PEREIRA, 2001), a situação-problema provoca discussões, desperta controvérsias entre os alunos sobre as suas diferentes compreensões. Neste clima de confusão mental, os conhecimentos teóricos vêm como ajuda para iluminar melhor as problemáticas, sendo a ordem no caos. Como, paradoxalmente, sugere Colom (2004): precisamos de escola fundamentada em situações caóticas para fazer possível a construção de novos conhecimentos pelos alunos.

Transcrevemos mais outros três depoimentos complementares que ilustram a importância que os docentes do Ensino Superior estudados passaram a atribuir, durante a pesquisa, à incorporação de situações-problema em suas práticas pedagógicas. Um deles reconhece (ES6): "a situação-problema é justamente a interface que fazemos com a curiosidade dos alunos. Era o que fundamentava a tradição oral e deve ser o móvel do ensino moderno, representado pelo retorno do prazer de aprender". É exatamente esse o desafio: recuperar o desejo, o prazer de buscar novos conhecimentos para, a partir deles, dar compreensão e sentido à nossa realidade e termos a possibilidade de reconstruir as teorias. De acordo com Rosa (1994), nós pensamos em algo quando esse algo nos é intrigante, quando nos provoca interesse, necessidade e desejo. Outro professor completa: "vai instigar, desencadear o espírito de busca, os desafios perante o aprendizado" (ES1). E ainda outro (ES4): "torna o conteúdo a ser desenvolvido mais significativo e atraente aos alunos e também para o professor, pois este conecta a realidade aos conteúdos". Este último recorda um aspecto já levantado por nós, ou seja, não se trata hoje somente de pensar na significação para o aluno, é preciso primeiro pensar na significação para o professor.

Antes de tudo, o conhecimento desenvolvido precisa ser significativo para o professor, pois, somente assim, este terá motivação e estará desejoso de trabalhar o conhecimento com os alunos. O professor perceberá que o novo conhecimento será útil, como quer Freire (1997), ajudará os alunos a viverem melhor. Esse sentimento eleva a autoestima e a satisfação do professor.

Com os professores da Educação Básica, também, vamos encontrar o eco positivo no uso da problematização para criar o desejo de ensinar e aprender no professor e no aluno. No entanto, antes de relatar seus depoimentos, cabe relembrar o já apontado no referencial teórico (VASCONCELLOS, 2003; MEIRIEU, 1998; CURY, 2003; SILVA, 1995a, entre outros): para problematizar é preciso, antes, que os professores conheçam a historicidade dos conteúdos, pois conhecendo as situações e os problemas que originaram o conteúdo torna-se mais fácil identificar, na atualidade, situações-problema significativas para os alunos. Os professores da Educação Básica aqui investigados passaram por esse processo, pois, antes de ser alertados sobre o resgate histórico, não conseguiam, ou tinham muitas dificuldades em problematizar algo relacionado ao conteúdo na atualidade.

Hoje, esses professores nos oferecem depoimentos muito contundentes e estimulantes. De acordo com um (EB1) deles,

> [...] encontramos no método da problematização (Arco) o grande referencial que tanto respeita as condições naturais dos seres humanos, como, também, colabora para a emancipação do homem, através da conscientização para a construção de uma sociedade mais digna e justa. [...] Com estas convicções, convidamos a todos os envolvidos e comprometidos com a educação que experimentem desta metodologia para perceber de perto o potencial formativo, provocador de transformação dessa metodologia que, sem dúvida, se mostrará a vocês.

Esse depoimento mostra o sentimento do professor que vem trabalhando, na sala de aula, essa metodologia, tem aprofundado seus estudos sobre ela e percebido como essa prática o está ajudando a transformar sua ação e o próprio sentido da sua profissão. O exemplo dele nos evoca, novamente, Meirieu (1998) de que é preciso introduzir o artifício para nele promover o natural.

Pela prática desses professores, já não os vemos apenas falando e praticando a problematização no início do processo, mas problematizando todo o processo entre a realidade e a teoria, instigando, fundamentando e argumentando e fazendo argumentar. Segundo o dizer de um deles (EB3): "É através da situação-problema que podemos direcionar a metodologia a ser utilizada e os métodos de avaliação mais condizentes". Já afirmou Meirieu (1998) que a situação-problema tem função erótica, didática e emancipadora.

Outros depoimentos continuam a enfatizar o sentido e a importância da situação-problema. Eis alguns: "desperta o interesse; cria expectativa, desperta espírito de pesquisa e busca; oportuniza hipóteses" (EB6); "introduz o conteúdo; contextualiza a aula; inicia um novo momento do trabalho" (EB5); "mostra a importância e o objetivo do estudo e/ou do aprendizado para o aluno" (EB2); "faz a correlação da teoria com a prática, tendo a oportunidade de trazer para o seu dia a dia o conteúdo vivido em sala de aula" (EB7); "propor um desafio de forma que os alunos se interessem pelo assunto e já possam perceber a aplicabilidade do que está sendo estudado" (EB4); "podemos mostrar a importância e aplicação dos conteúdos a serem trabalhados" (EB1); "serve como um organizador prévio, onde o professor aborda os assuntos relacionados, promovendo o estímulo à ancoragem para os novos conhecimentos" (EB3). Aqui as convicções dos professores casam com as ideias de vários autores abordados, entre os quais Freire (1997), quando diz que o conhecimento precisa ser útil, e Colom (2004), afirmando que o processo criador parte de problemas.

Estas colocações mostram a importância da provocação problematizadora e da utilidade e sentido do conteúdo para a vida. Dentre elas, cabe-nos evidenciar a primeira, que afirma que a problematização desenvolve a pesquisa e possibilita a formulação de hipóteses. Este é um dos aspectos contemporâneos muito discutidos. Em todos os projetos político-pedagógicos dos cursos de Ensino Superior e escolas de Educação Básica que conhecemos encontramos expresso o desejo de formar pessoas que, entre outras características, tenham espírito de pesquisa, saibam argumentar, sejam críticas. Ora, como já visto em nossos referenciais, para haver pesquisa é preciso haver um problema a ser resolvido, através de hipóteses e de fundamentos teóricos que nos deem a compreensão ou a solução do problema. Como afirma Meirieu (1998), o aluno precisa ter problemas a resolver e sentir-se incapaz de resolvê-los sem aprender.

Desta forma, a proposta aqui discutida, além de contemplar outras dimensões dos desejos humanos, também vem ao encontro das necessidades das pessoas diante do contexto pós-moderno. Além disso, essa forma de proceder contribui para, segundo Canivez (1991), criar nos alunos o gosto pela discussão em vista da compreensão e resolução de problemas, o que para Perrenoud (1999b) significa tornar-se um sujeito competente.

Por fim, os professores da Educação Básica, como os do Ensino Superior, lembram que, além de significar os conteúdos para os alunos, na problematização encontramos possibilidade de fazer com que construam conhecimento significativo. Temos o depoimento de vários professores que ratificam essa ideia. Segundo um professor (EB5): "qualquer que seja a atividade a ser apresentada aos alunos, o educador deverá criar uma expectativa sobre esta atividade para que eles contribuam com seus conhecimentos". Outro assim se refere (ES2): "acredito que tanto o aluno como o professor necessitam de motivação para aprendizagem, não só no começo, mas em todo o processo. É de suma importância todos estarem envolvidos para que haja aprendizagem e esta seja significativa". Um outro (EB4) complementa: "É de vital importância tanto para a motivação no processo de ensino-aprendizagem dos alunos quanto para a busca do professor em aperfeiçoar suas aulas". Outro (EB7) ainda reforça: "[...] desafia tanto alunos como professores a buscarem (conhecimento e informações) mais".

Estas ideias vêm confirmar autores por nós comentados, como Rosa (1994). Segundo o autor, nós pensamos em algo quando nos interessa, desperta em nós necessidade e desejo, ou, como Antunes (1998), que assegura que os conteúdos devem ser usados como ferramentas para resolver problemas.

Assim como na historicidade, na problematização também vamos conhecer depoimentos dos nossos alunos da graduação, colhidos no final dos semestres de 2004/2 e 2005/1 sobre a importância de desenvolver a metodologia a partir das situações-problema. Diz um aluno: "na vida prática não há uma pessoa que não tenha tido uma situação-problema para que fosse analisada. O poder do professor é tomar uma ou mais dessas situações e colocá-las para os alunos ajudando-os a resolvê-las a partir da teoria". Outro aluno também vê relação com a vida em seu dia a dia: "utilizar situações-problema do nosso dia a dia, isto vai facilitar o entendimento de qualquer situação, pois tudo o que é vivido se torna mais fácil". No entanto, cabe novamente lembrar que, para problematizar, o professor, como afirma Moretto (2001), precisa conhecer os conteúdos. Para conhecê-los adequadamente, necessita apropriar-se do processo histórico que constitui esse conteúdo.

Essas colocações dos alunos vêm corroborar com o que disseram os professores. Acrescentamos um depoimento:

> Dia após dia nos deparamos com situações-problema em nosso viver. Cabe ao professor ter a astúcia de saber reconhecer essas situações, trazendo-as para a realidade de cada aluno em sala de aula, trabalhar as hipóteses, a teoria e saber ensinar os estudantes a aplicar as soluções na vida prática de cada estudante.

Se a formação de professores exercitar esse processo e o futuro professor também o tiver presente na dinâmica de suas aulas, acreditamos que os grandes objetivos da educação, do sentido da escola e do fazer dos professores serão concretizados de forma mais efetiva. Segundo Oliva (1990), os professores precisam desafiar, instigar dúvidas, retirar as certezas dos alunos para que possam enfrentar os problemas do seu cotidiano.

A partir das nossas buscas e experiências como educador e, principalmente, nos últimos anos, quando nos desafiamos, desafiamos colegas e recebemos como retorno os relatos de alunos e colegas, conseguimos construir as presentes convicções. No entanto, cabe esclarecer que essas não são e nem pretendem ser as únicas. O objetivo aqui é contribuir para que a educação volte a ter sentido e motivação maior, tanto para os professores como para os alunos. Embora os depoimentos de professores e alunos sejam promissores, sabemos, por experiência, que, na prática, muito ainda falta por fazer.

Por um lado, a formação dos professores formadores e formados continua sendo muito limitada. Os alunos, acostumados a comodamente repetir coisas, embora insignificantes, muitas vezes, encontram no sistema tradicional formas de produzir pouco ou quase nada, receber uma nota, passar de ano; agora, são chamados a produzir, a colocar o cérebro para pensar. Isso exige esforço. No entanto, como já temos observado, após esse momento inicial de mudança, quando os alunos mudam seus hábitos, motivados pela aprendizagem significativa, não querem mais voltar ao sistema anterior da decoreba insignificante, confirmando o que diz Bertrand (2001), a saber, que os alunos instigados pelo sentido histórico da utilização dos conhecimentos encontram neles sentido e isso lhes é motivador.

Os depoimentos dos professores do Ensino Superior, da Educação Básica, dos alunos da graduação e pós-graduação somados, o que percebemos em nossas aulas, fazem sentir-nos muito confiantes e tranquilos em sugerir as propostas aqui apresentadas como alternativa possível que pode vir a somar com as outras já existentes. Entendemos que, assim, estamos provocando a curiosidade inata da pessoa, como querem Popper e Eccles (1995), e formando pessoas competentes, como propõe Perrenoud (1999b), para conviver e ajudar a resolver os desafios da sociedade pós-moderna.

Acreditamos que, se os professores:

- desde a Educação Infantil, trabalharem através de situações-problema da realidade para instigar os alunos;
- apresentarem os conteúdos como forma de compreender e resolver essas situações-problema;
- levarem os alunos à produção, na qual necessitem argumentar de forma fundamentada;

então, de aula em aula, de série em série, os alunos irão se constituindo em cidadãos e pessoas críticas, argumentativas e competentes, capazes de interagir no seu contexto e de produzir novos conhecimentos que possam ser úteis para si e para a humanidade. Assim, também, cremos que boa parte dos desejos e necessidades naturais da pessoa terão sido contemplados e atendidos.

Temos fé em que uma formação mais qualificada dos professores ajudará muito para terem melhores condições de proporcionar prática pedagógica mais significativa. No entanto, como diz Freire (1997), para isso acontecer, precisamos diminuir a distância entre o discurso e a prática. Esperamos, igualmente, que a escola possa ser um lugar que atenda ao anseio das pessoas que a buscam como fonte do saber, para poderem ser e viver com mais plenitude, como queria Castoriadis (1989a).

Para finalizar a análise da problematização, trazemos o relato de um aluno da pós-graduação que, ao observar, durante sua pesquisa, o ocorrido numa sala de aula, constatou o seguinte:

> Ao entrar na sala, a sala estava totalmente bagunçada, as carteiras e as cadeiras estavam praticamente amontoadas na frente, próximo ao quadro, o chão estava cheio de papel picado e tocos de giz. A professora senta-se, abre o seu material e começa a fazer a chamada. [...] Termina a chamada, levanta-se e propõe a atividade: hoje iremos trabalhar um poema. Copiem do quadro o poema e depois façam os exercícios de interpretação. Os... meninos... sussurram: Ah! Ah! De novo? Por que isto? Fala sério, "sora"? No corredor da escola o barulho era muito alto, foi então que um menino passou gritando: Ah tô maluco... A turma reagiu com risadas e um menino fala: este aí está louco mesmo, está no hospício certo! [...] Dois alunos mais à frente fazem de conta que estão fazendo a atividade e ficam brincando no celular, ou seja, estão esperando o tempo passar. A professora levanta-se e anda pela sala. Fala que em seguida iremos fazer um ditado. Os alunos dizem: De novo! Vale nota? Quantos pontos? Após a chamada, a professora se levanta e pergunta: quais são os adjuntos adverbiais? Uma aluna enumera todos os

> adjuntos, sem respirar e parada a professora acompanha a enumeração. Após, revisa brevemente tal assunto que já foi estudado e propõe exercícios. Um menino responde: Ah! para, "sora"! Fazer exercícios de novo? Começam as conversas paralelas. Um aluno pede um lápis emprestado a outro que o atira com força. Bate o sinal e termina a aula.

Apresentamos esse relato com a esperança de que essa realidade mude em nossas escolas. Que estas se tornem lugar de convivência, de construção e de conhecimentos significativos. Lugar de provocação de desejos para aprender, resposta à falta de compreensão ou de solução de problemas, como sugere González Rey (2003). Local onde se crie o gosto pela discussão, pela problematização e pela construção do conhecimento, como propõe Canivez (1991). Espaço onde a mente humana, que nasce aberta, como afirma Giesecke (1997), encontre desafios constantes para desenvolver-se. Enfim, lugar onde se possa construir conhecimentos úteis para a vida, como sonhava Freire (1997). E nós diríamos, lugar de pessoas felizes que, encontrando no conhecimento fonte para compreender e solucionar problemas da vida, possam capacitar-se para viver mais plenamente com sentido.

3.3 Metodologia: o referencial das práticas pedagógicas desenvolvidas

> *Quem pensa certo está cansado de saber que as palavras a que falta a corporeidade do exemplo pouco ou quase nada valem* (FREIRE, 1997: 38).

Não basta conhecer e ressignificar os conteúdos. É preciso exercitar metodologias que orientem seu foco para que os objetivos educacionais sejam alcançados. Tendo como indicativo geral nosso referencial teórico, principalmente Bordenave e Pereira (2001), Meirieu (1998), Berbel (1998), Popper e Eccles (1995), Perrenoud (1999b) e Freire (1997), e como parâmetro específico os passos do começo (problematização, hipóteses antes da teorização), do meio (teorização) e do fim (hipóteses pós-teorização e produção teoricamente fundamentada) do processo, trazemos os relatos dos professores investigados em que demonstram como se dá a sua prática pedagógica.

Os relatos de cada etapa da aula pelos investigados possibilitou-nos conhecer como os professores desenvolvem suas aulas e, a partir desses relatos, obtivemos visão melhor da relação existente entre o que apontam os referenciais teóricos e a realidade praticada pelos professores. Como os professores da Educação Básica já vêm se exercitando nos referenciais teóricos, é de se pressupor que estejam mais aderentes ao proposto, se comparados aos do Ensino Superior. Em suma, queremos demonstrar com essa análise, além dos distanciamentos que efetivamente existem entre o teórico e o prático, a necessidade de mudança do modelo de formação básica dos professores, sem desconsiderar a necessidade da formação continuada para todos os professores, sejam eles da Educação Básica ou do Ensino Superior.

Inicialmente lhes perguntamos como, normalmente, começam a apresentação e o desenvolvimento de um conteúdo novo de ensino.

Um dos professores (ES5) diz que inicia a abordagem de um novo conteúdo "fazendo a contextualização histórica, abordando aspectos sociais e econômicos. Sem essa base o conteúdo corre o risco de perder o sentido". Outro professor (ES3) diz: "a partir do que os alunos já sabem, ouvindo suas opiniões sobre a questão. Pedindo que leiam algo sobre o tema. Quando eles estudam em grupos, pedindo que planejem suas ações com um instrumento próprio". Um terceiro professor (ES6) diz que inicia sua aula:

> Procurando estabelecer a conexão entre o novo conteúdo e a área de conhecimentos a que pertence, de modo mais amplo (por exemplo, indicar o conhecimento de Química inserido em um campo de conhecimentos que liga ciência, tecnologia e sociedade); buscando ver as concepções que os alunos já têm sobre o que vai ser tratado, de modo a estabelecer ligações que possam ampliar seus conhecimentos sobre determinado assunto; e propondo atividades que me permitam perceber "as faltas" com relação a conhecimentos anteriores que possam dificultar a aprendizagem do novo conteúdo.

Percebe-se, nessas colocações, que os professores têm a preocupação de dar um sentido aos conteúdos, seja situando-os na história, ou no contexto, seja acenando para sua utilidade e aplicação. Essas práticas vêm ao encontro da orientação já transcrita de Mosquera (1977) quando sugere o respeito aos interesses e expectativas dos alunos, e da convicção de Morin (2000), ao dizer que o contexto dá sentido ao texto.

Outro professor (ES2) diz: "costumo trazer exemplos, aplicação do fato linguístico que pretendo demonstrar". Esse também é seguido pelo colega (ES3) que comenta:

> Apresentando o conteúdo, falando sobre sua importância de forma mais ampla, relacionando-o a um processo específico ou aos seus desdobramentos e as relações do tema com outras realidades, a partir de uma perspectiva de tempos e espaços distintos, despertando o interesse pelo tema a ser abordado.

Essas colocações também são acompanhadas por outro professor (ES1), quando diz:

> Não dispenso um comentário inicial sobre onde aquilo vai nos levar. Porém, tenho cuidado, através de reticências e alguns senões, de não deixar alguma abertura para que o aluno não engesse a definição e forme uma opinião que imagine totalmente definidora para o assunto. Bachelard nos adverte: "A opinião pensa mal, aliás, não pensa". Percebo, infelizmente, que alguns não se dão conta disso, até por comodismo. Mas, se uma pequena minoria aproveitar, já valeu a pena.

Ainda um outro (ES4), "[...] inicio com a leitura e discussão de um texto ou com a apresentação de um filme ou trecho de filme relacionado ao assunto a ser trabalhado". Esses professores se filiam aos teóricos que, como Freire (1997), González Rey (2003), Castoriadis (1989a), propõem que o novo conhecimento precisa ser útil, enfim, ter um sentido.

No entanto, tomando como parâmetro nossos referenciais teóricos, percebemos que em nenhum momento os professores referem que iniciam o processo com alguma problematização significativa do contexto para provocar nos alunos o desejo de aprender e buscar, posteriormente, na teoria, o referencial que venha iluminar a compreensão e/ou a solução dos problemas da vida real, como sugerem, em especial, Bordenave e Pereira (2001) e Berbel (1998).

Iniciar com a problematização, como cabe novamente lembrar, é o começo de um processo para a formação de mentes investigativas que buscam compreensões e soluções nos conhecimentos teóricos que levem a argumentar e atuar de forma fundamentada. A vida nos ensinou que é difícil causar uma segunda primeira boa impressão, ou seja, nesse caso, apresentada a teoria no início, já se perdeu boa parte do desejo de aprender.

Os professores da Educação Básica, como já citado, estão se exercitando nos últimos três anos na formação continuada, tendo como foco os referenciais teóricos por nós apontados. Neles percebemos um avanço bem significativo na prática. Segundo o depoimento de um deles (EB1):

> Me é ético tecer que minha prática em sala de aula mudou bastante a partir do momento em que comecei a estudar a nova proposta pedagógica do Colégio La Salle de Canoas[3]. Até então, desconhecia esta fundamentação. Sendo

---

3. Escola onde temos exercitado a proposta com os professores.

> assim, sempre que vou iniciar um novo assunto, que nunca é compartimentado, procuro problematizá-lo no cotidiano dos educandos.

Esse professor, desde que entrou na instituição, tem sido um estudioso da proposta e tem-se desafiado na prática. Não podemos citar todos os seus comentários. No entanto, ele tem manifestado a satisfação que os alunos estão tendo em suas aulas, pois se motivam e veem sentido no que estão fazendo. Este pensamento do professor também é seguido pelos outros investigados. Isso vem embasado por Martins e Bicudo (1983) quando alertam sobre a necessidade de, inicialmente, provocar a vontade de conhecer. Sem o desejo, sabemos que o processo a ser desenvolvido fica limitado.

Um dos professores (EB4) traz o relato de uma situação real:

> Vamos pegar como exemplo o conteúdo sobre a sociedade grega. Iniciamos problematizando com nossos alunos o que ele entende por cidadania e democracia hoje. Como ele se define como cidadão. A partir da realidade expressa pelo aluno colocamos a definição de cidadania e democracia. O terceiro passo é distinguir o conceito de cidadão e democracia para o homem grego. O principal objetivo não é julgar o conceito de cidadania e democracia partindo dos nossos referenciais, mas entender que no mundo antigo a democracia e cidadania possibilitada pelos gregos era uma experiência jamais experimentada por qualquer sociedade até então organizada.

Embora o professor já tenha avançado para os passos seguintes do processo, percebe-se claramente que inicia com a problematização e busca ressignificar a democracia dos tempos dos gregos na atualidade. Esse professor vai ao encontro de Berbel (1998) quando esta autora defende a problematização como elemento instigador para a aprendizagem.

De forma mais sucinta, outros professores relatam o início do processo. Confessa um deles (EB2): "sempre que possível, parto de uma situação-problema prática, do cotidiano, lançando perguntas ou trazendo alguns registros". Outro professor (EB5) afirma: "apresento problemas que necessitem desses conteúdos para a solução. A empatia ajuda muito na condução desse início. Os alunos devem ser conduzidos a um ponto central, evitando a dispersão, sem tolher a criatividade e a curiosidade". É significativa a preocupação dele na interação com os alunos, além da problematização para tornar o processo significativo. Podemos complementar isso com a ajuda de Justo (2003) que nos diz ser preciso estimular o aluno, que o entusiasmo é elemento-chave para a aprendizagem.

Outro professor (EB6) relata mais uma situação interessante:

> Através da análise de um fato relevante problematizado em que se insere esse novo conteúdo, como, por exemplo, o fato de que quando é Natal nos EUA é inverno, mas aqui é verão. Desse modo é possível mostrar que as estações do ano não têm relação nenhuma com o fato de ela se aproximar do Sol em determinada época do ano.

A preocupação e importância de provocar o interesse a partir da problematização no começo do processo é também externada pelo professor (EB7) a seguir: "procuro começar com uma situação-problema que desperte o interesse pelo assunto, seja esta situação uma pergunta, um desafio ou mesmo um fato ilustrativo que possibilite uma discussão".

Entre os professores investigados, apenas um (EB3) deixou transparecer que está com limitações na compreensão do processo: "apresento o conteúdo a ser desenvolvido e em seguida trago um possível exemplo do cotidiano para comparação". Ainda começa com o teórico que, sendo remoto e com significado limitado, já diminui a motivação dos alunos em relação à nova aprendizagem. Percebemos que esse professor do Ensino Superior e a maioria dos seus colegas começam pelo teórico, buscando, depois, algum exemplo ilustrativo. Entendemos que assim já se perdeu a motivação inicial que é fundamental no processo. A proposta aqui defendida traz a problematização no começo, pois, segundo Meirieu (1998), é preciso introduzir o artifício, nesse caso o enigma, para, com ele, promover o natural, ou seja, o desejo de aprender. Esse pensamento também é seguido por Perrenoud (1999b) quando insiste que os alunos devem ser provocados com problemas e instigados a buscar as soluções.

Quando o processo foi mal começado e não provocou a motivação que deveria, prejudica o seu restante. Como já lembrado, em qualquer momento da vida, quando desanimamos no primeiro instante, recuperar a motivação depois é bem mais complicado. Na sala de aula, acontece o mesmo.

Uma segunda pergunta feita aos professores objetivava saber como é o processo intermediário (entre o começo e a conclusão) do desenvolvimento de um conteúdo. Lembramos que nossos referenciais teóricos apontam que esse é o momento da teorização, ou seja, a explicitação do conteúdo que virá iluminar a compreensão. Aqui buscamos apoio em Freire (1997) quando diz que a curiosidade ingênua precisa tornar-se crítica. Esclarecendo: levantado e discutido o problema e as possíveis soluções, a teorização é o momento de fundamentar opiniões, para embasar tomadas de decisão ou clarear a compreensão.

Enquanto vamos relatando e analisando as colocações dos professores, estaremos atentos para perceber, nelas, as coerências ou não em relação ao referencial teórico estabelecido e, também, com os relatos trazidos no primeiro momento, o da problematização.

Um dos professores do Ensino Superior (ES1) inicia citando um teórico e após faz suas colocações sobre como desenvolve esse momento intermediário:

> Paul Valery dizia que "para você ter sucesso no amor de hoje é preciso esquecer os amores do passado". Na matemática é exatamente o contrário. O hoje está imbricado com o passado. É um sistema de malhas que vão se trançando. Portanto, algum conhecimento mal-assimilado pode repercutir mais adiante. Percebo que os alunos que percebem isso vão ad-

> quirindo mais segurança na etapa seguinte. O cartesianismo está presente nessa hora. Sobretudo porque há uma grande carga de objetividade no conteúdo. Aqueles, na trajetória, momentos de subjetividade dentro de um conteúdo majoritariamente objetivo terão maior proveito. Quem vê que aquele processo, vestido em linguagem formal e focando um caso impessoal, numa relação com seu cotidiano coloquial, atingiu o objetivo da disciplina.

É evidente que o professor atribui muita importância à historicidade do conteúdo para significá-lo hoje, com o que se coloca de acordo com a referência teórica aqui apresentada, por exemplo, Vasconcellos (2003). No entanto, está faltando a assim chamada provocação inicial do processo, a apresentação da situação-problema, que fará com que esse conteúdo historicamente significativo possa ser apresentado ao aluno como iluminação. O professor diz muito bem que o cartesianismo está presente nesta hora, pois é o momento da teorização. Contudo, se no passo anterior o aluno tivesse sido provocado de forma problematizada pelo contexto, agora não iria apenas repetir a teoria, mas usá-la para compreender ou solucionar a problemática inicial.

Mesmo assim, o professor diz que os alunos que conseguem fazer uma relação com a aplicação prática têm mais sucesso no aprender. O que corrobora a afirmação de Popper e Eccles (1995) quando dizem que, para entender uma teoria, precisamos, antes, compreender o problema que ela se propõe a resolver.

Um outro professor (ES2):

> Quando compreenderam o exemplo, apresento a teoria de um modo resumido e, à medida que falo, organizo esquemas no quadro que reproduzem a teoria (a teoria completa é lida pelos participantes, individualmente, em geral, trata-se de uma leitura prévia, extraclasse). Em seguida, apresento exercícios de aplicação (a partir de textos) a serem resolvidos. Os alunos são orientados para a seleção de textos e organização de exercícios (tarefa extraclasse), tarefa que apresentarão aos colegas em aula.

Pelo visto, como o professor iniciou o processo anteriormente, neste caso não há uma problematização provocativa, mas uma referência ao contexto no qual, agora, a teoria será significada. Também vale a mesma reflexão sobre os exercícios de aplicação que, costumeiramente, apresentam, junto com a fórmula, uma situação da realidade, o que, no entanto, não significa que será apresentado um problema para o aluno exercitar a teoria. Contudo, como dizem Popper e Eccles (1995), para entender a teoria antes precisamos compreender o problema que ela se propõe a resolver.

Outro professor (ES3) aborda que:

> Exponho os pontos centrais do tema e na interação com os alunos procuro aproximar o conteúdo de situações existenciais e de trabalho. Os alunos discutem em grupos e apresentam para os demais colegas, exercitando sua capacidade de se colocar diante das pessoas.

Novamente fica patente que, após apresentado o conteúdo, busca-se uma exemplificação. Esse pensamento também é seguido por outro professor (ES4):

> "A partir das reflexões e posicionamentos dos alunos desenvolvo a aula, fazendo observações e encaminhando a relação das reflexões apresentadas com a prática a ser desenvolvida". Ainda, de acordo com outro professor: "[...] sob um enfoque histórico, abordo a evolução dos conceitos envolvidos no conteúdo e o particular interesse atual em aspectos desse conteúdo". Aqui também é externada a preocupação inicial com o remoto (conteúdo), e depois se busca a exemplificação no contexto.

Trazemos, ainda, a contribuição de mais um professor (ES5):

> É um espaço de leituras, pesquisas, discussões. Acredito que a construção ou reconstrução de conhecimentos seja fundamental nesse processo. Trabalho muito com fontes que permitam a interpretação dos estudantes, que abram espaço para pesquisas, questionamentos, críticas, comparações etc.

Novamente enfatizamos que o proposto por nós está fundamentado em referenciais teóricos, entre eles Berbel (1998), Bordenave e Pereira (2001), os quais propõem que a problematização da realidade venha antes do tema e não que se busque um exemplo na realidade depois que foi dada a teoria. **Aqui reside o diferencial significativo da presente proposta.**

Os professores da Educação Básica, como já iniciaram o processo problematizando, agora, conseguem, mais facilmente, tornar os conteúdos significativos. Um professor (EB1) cita um exemplo de aula desse momento intermediário:

> Quando tive que apresentar o assunto (conteúdo) – globalização – com a 8ª série, trabalhei problematizando o tempo todo com a categoria Pós-modernidade. Inicialmente pedi que os alunos olhassem a etiqueta de seus tênis e vissem onde tinham sido produzidos. Percebemos que a mesma marca se repetia entre a preferência dos alunos, contudo era produzido em vários países. A partir daí desenvolvi sempre análises próximas, tanto nos aspectos sociais, econômicos, culturais, como oficinas de leitura em grupo referente a reportagens, com relação ao trajeto da casa para o colégio, o que era percebido etc.

Como vemos, a teoria, em casos como estes, mostra-se significativa. Afirmam Bordenave e Pereira (2001) que o aluno precisa ser provocado por um problema e dar-se conta de que não conseguirá resolvê-lo se não aprender. Outro professor (EB2) sintetiza esse momento: "peço para os alunos falarem sobre a problematização vivenciada. Muitos participam, contribuem. Depois, passamos à teoria". Embora não esteja relatado como isso é feito, percebemos o exercício mental desenvolvido pelo professor.

Outros professores também corroboram esses encaminhamentos. Eis o depoimento de um (EB3) deles: "desenvolvo o conteúdo, sempre apresentando um exemplo prático problematizado e relacionado à fórmula desenvolvida (no meu caso Física). Há espaço para discussão e perguntas e resoluções dos problemas". Nisso o professor está no caminho de Habermas (1997) quando este comenta que os participantes discutem suas operações interpretativas. Outro professor (EB4) diz:

> A partir da noção problematizada de que o homem é fruto de seu tempo, o aluno analisa a sociedade estudada, no nosso caso, a grega. Compreende os processos políticos, sociais e econômicos que regularam essa sociedade e de que forma esse homem se inseriu nessa sociedade e suas dimensões no contexto atual.

Vamos ver os depoimentos de mais três professores. O primeiro (EB5):

> Uma vez caracterizada a necessidade do conhecimento a partir da problematização, apresento seu contexto histórico (algumas vezes, isso pode ser a própria caracterização do problema), vou liberando informações, estimulando a procura de informações paralelas, provoco discussões a respeito.

Percebemos, novamente, o significado que para os alunos vai tendo o conteúdo. Um segundo professor: "a partir da problematização, ver quais os fatores são relevantes na implicação da situação levantada, e a partir daí estabelecer o que pode ser aceito ou não como resposta adequada, a partir dos fundamentos teóricos". E, ainda, um terceiro (EB7):

> Nesse processo intermediário, da teorização, vou fazendo uma retomada no que já foi visto de forma problematizada e procuro fazer um gancho com o passo seguinte. Procuro trazer situações que possibilitem novas análises e o aprofundamento do conteúdo. Quando possível, temos atividades de laboratório, seja da informática ou da própria disciplina, que possibilitam uma melhor assimilação do conteúdo (neste momento o aluno vivencia o estudo em questão). Observo que quase todos os passos são executados através de questionamentos e temos, também, a resolução conjunta de exercícios.

Extraímos dessa última colocação, além da teorização significativa, outra reflexão: Os alunos, nesse caso, quando vão ao laboratório, ou à biblioteca, fazem-no com uma finalidade, sabendo o que precisam buscar para atingir um objetivo, qual seja, o de compreender uma realidade ou resolver um problema. Aqui, mais um professor segue a pista traçada por Freire (1997), entre outros, quando aponta a necessidade de problematizar os conteúdos e, dessa forma, possibilitar aos alunos captar a razão de ser dos mesmos.

Assim chegamos ao final do processo. Lembramos, novamente, que, segundo os referenciais teóricos, nesse momento ocorre o exercício da compreensão fundamentada dos conteúdos desenvolvidos, momento em que o aluno é confrontado com novas problematizações e precisa demonstrar que, usando os fundamentos teóricos desenvolvidos, tem a competência de argumentar, compreender questões, ou resolver situações. Desta maneira, o aluno passa de visão sincrética do problema, através da teorização, para chegar à síntese provisória, em vista da transformação da realidade, conforme dizem Bordenave e Pereira (2001).

Questionamos os professores investigados sobre a maneira como finalizam a abordagem de um conteúdo. Nesse momento, percebe-se que, praticamente, todos desenvolvem com os alunos algum tipo de revisão, exercício e produção. Cabe ressaltar, e isso ficou bastante claro nos depoimentos, que há vários tipos de exercícios: aqueles em que é solicitado aos alunos que reflitam sobre fórmulas teóricas, ou respondam a questões teóricas, e aqueles em que eles recebem problemas cuja solução precisam buscar recorrendo à teoria estudada. **São, portanto, paradigmas opostos de aprendizagem.** No primeiro se repete a teoria pela teoria; no segundo, problemas reais são compreendidos ou resolvidos à luz da teoria abordada.

Iniciando essa análise, partindo dos professores do Ensino Superior, um (ES1) diz:

> Procuro fazer uma revisão das partes principais (Descartes) e relacionar com outras abordagens necessariamente não aprofundadas. Como se trata de uma ciência exata onde a cultura reza que exercício é fundamental (Aristóteles), lanço mão dessa estratégia, obviamente. Percebo que o exercício, para quem faz, evidentemente provoca assimilação. Só não consigo medir eficazmente se quem assimila através de exercícios terá uma visão mais globali-

> zante como me proponho desde o início ou apenas se movimenta "sob aquelas condições".

Essa preocupação do professor denota uma limitação do seu foco teórico-prático, pois se tivesse levado o aluno, como sugere Berbel (1998), desde o começo, ao confronto, através da problematização da realidade, argumentada à luz da teoria, aqui seria mais fácil detectar a competência desse aluno na compreensão ou solução do problema, pois o aluno precisaria argumentar, mostrar certa quantidade e qualidade de arrazoar fundamentados.

Outros professores do Ensino Superior são bastante genéricos. Segundo um (ES2): "Geralmente, solicito que escrevam sobre o tema desenvolvido (Isso em cursos específicos, p. ex., em Letras)". Outro somente informa: "Com um resgate dos pontos mais importantes e esclarecendo eventuais dúvidas". Vemos, assim, que no final do processo, quando o aluno precisa produzir e produzir de forma fundamentada, as possíveis compreensões ficam vagas. Desta forma, tanto aluno como professor têm suas conclusões prejudicadas para empreender novas buscas. Fica difícil, assim, produzir conhecimentos úteis, como quer Freire (1997).

Um professor (ES3) investigado questiona nossa pergunta:

> Acredito que os fechamentos são sempre arbitrários e, muitas vezes, não consigo perceber uma "conclusão", mas sim uma "pausa" entre a proposta da disciplina apresentada em um semestre e a proposta de outras disciplinas em semestres subsequentes. Mas, consideran-

> do que há um fechamento, mesmo que arbitrário, procuro discutir com os alunos sobre as mudanças que tenham percebido com relação às concepções/entendimentos que tinham sobre o conteúdo que foi trabalhado e que análise fazem do significado desses novos conhecimentos para a profissão.

Nosso questionamento procurou conhecer se, ao final de um processo, há produção do aluno e que tipo de produção. Concordamos com o professor que não se trata de um fechamento, mas sermos levados de um processo a outro. Buscamos que, tendo sido concluída uma abordagem, o aluno tenha a oportunidade de produzir conhecimento e assim estar embasado para novas buscas. Caso contrário, limita-se a compreensão, como já sugeria Berbel (1998) quando dizia que a partir de um problema busca-se compreendê-lo, fundamentá-lo, discuti-lo; por último, são cogitadas hipóteses de solução e aplicação.

Seguimos com as reflexões de outro professor que desenvolve suas aulas em forma de projeto. Diz (ES4): "os alunos devem incluir, no projeto em desenvolvimento, algo referente ao que foi debatido em aula e apresentar ao final da aula ou da unidade". Esse professor sugere que, no final, a partir dos dados teóricos conhecidos, os alunos complementem os fundamentos do projeto. Isso tudo depende, novamente, de como os passos anteriores foram desenvolvidos. Trabalhar por projetos, também, é metodologia que se afirma com a presente proposta, pois, ao desenvolvê-los, parte-se de problemas, buscam-se referenciais para compreendê-los e resolvê-los, cabendo, na etapa final, uma produção dos alunos. É isso que Arouca (1995) e Freire (1997) sugerem quando dizem que não há ensino sem pesquisa. O projeto, nesse caso, é a organização de uma pesquisa, para cuja formatação se parte de um problema.

Seguimos em nossa análise. Um dos professores lembra que, sendo o conteúdo contextualizado, mesmo abstrato, no final do processo será de mais fácil compreensão pelo aluno. De acordo com o mesmo (ES5):

> Detalhando o conteúdo de forma a proporcionar ao aluno não apenas uma visão ampla e contextualizada do mesmo, mas também aprofundada. Mesmo que exija muita abstração. Essa fase custa bem menos ao aluno se o conteúdo tiver sido contextualizado [...].

Diria Meirieu (1998), se tivesse sido, além de contextualizado, problematizado.

Nos professores da Educação Básica percebe-se, no final do processo, a constante preocupação para que o aluno mostre, através de produções problematizadas e fundamentadas na teoria aprendida, sua compreensão do conteúdo. Somente um dos professores investigados (EB3) tem visão diferenciada. Esse é o mesmo que, no começo do processo, não aponta para a problematização e, aqui no final, diz: "a aula é concluída através de exercícios para fixação".

Os demais mostram a sua preocupação com a produção teorizada dos alunos, a partir de problemas reais. Segundo um deles (EB5), no final "Há a devolução do processo: os alunos são novamente provocados à solução de novos problemas, agora utilizando a teorização, demonstrando a necessidade de um ou outro reforço ou ajuste pessoal ou grupal". Outro professor (EB6) tem posição semelhante quando diz: "retornando à situação levantada e verificar se as respostas são satisfatórias à solução do problema, levando em conta o conteúdo desenvolvido". Com isso, também concorda um terceiro professor (EB7):

> Apresentação de novas situações que podem ser resolvidas de maneira análoga às anteriores, porém que possibilitem novas considerações. Muita resolução de exercícios de problemas, a fim de que os alunos possam aplicar o conhecimento adquirido.

Freire (1997) diria: a curiosidade ingênua, agora, tornou-se crítica.

Desta forma, vamos percebendo os alunos envoltos em exercícios mentais superiores (argumentar, analisar, compreender...) durante o processo. Não se trata mais, nesse caso, de conhecer conteúdos apenas teóricos e repeti-los, ou apenas contextualizá-los. Trata-se, isso sim, de criar, através da problematização, um movimento instigador entre a realidade, a teoria e a realidade re-compreendida. Por trás deste exercício está a pesquisa no cotidiano escolar, como quer Antunes (1998) e Freire (1997), por exemplo, está a preocupação de formar pessoas que começam a ver a necessidade de buscar, de conhecer mais, porém sempre com o apoio dos conhecimentos historicamente produzidos que são o fundamento para as novas compreensões.

Para ilustrá-lo, trazemos ainda o depoimento de um professor de História que relata, de forma mais ampla, a sua maneira de finalizar o processo. Segundo o professor (EB4):

> Fazendo uma comparação da nossa sociedade hoje com as sociedades até então estudadas. Partindo do exemplo grego, podemos identificar uma profunda transformação na forma do homem interpretar sua própria inserção na sociedade. Comparando com as sociedades orientais, o aluno reconhece uma construção de uma nova sociedade alicerçada no racionalismo, a valorização do indivíduo e a fé ou religiosidade abrindo espaço para a ação do homem.

Aqui o aluno, à luz da história, compreende a sua própria realidade e consegue mais facilmente fazer a projeção para o futuro. Essa ideia vem embasada, também, em Meirieu (1998), sugerindo que o hoje precisa ser ressignificado à luz da história.

Para reforçar a importância da metodologia ressignificada pela história, partindo de problematizações, trazemos o depoimento de um professor (EB5) da Educação Básica que vem estudando e se exercitando nessa prática, durante os últimos anos, tendo como referência o Arco de Maguerez, proposto por Bordenave e Pereira (2001) e Berbel:

> Facilita o entendimento e o embasamento do conteúdo para o aluno. Todos os professores deveriam utilizar essa forma de dar aula, pois ajudaria os alunos a ser mais críticos, mais vivos, com mais experiência, mais argumentati-

> vos para a vida profissional e a vida. Estará sempre fundamentado na base teórica. A partir desses passos, a prática e teoria, e a teoria e a prática são compreendidas, o que facilita o entendimento. Leva os educandos a perceberem-se inseridos no conteúdo que estão trabalhando e a compreenderem com maior facilidade. Todos os professores deveriam utilizar uma didática baseada nessa (Arco...), formando indivíduos com capacidade de ser bem preparados para as situações de vida. Sempre que possível, problematizar situações que levem à construção de competências, partindo da realidade e da conjuntura atual. Dá significado aos conteúdos. Esta prática nos possibilita, em primeira mão, expor nossas experiências já vividas e após a teorização poder adquirir embasamento teórico para aperfeiçoar e adquirir compreensão dos conteúdos, proporcionando assim uma produção significativa e eficaz (1998).

Nesse esforço se concretiza, em grande parte, o proposto, principalmente por Perrenoud (1999b), ao sugerir que a pessoa competente precisa saber lidar com problemas complexos; o afirmado por Popper e Eccles (1995), quando dizem que, para entender uma teoria, é preciso, antes, compreender o problema que ela se propõe resolver; o defendido por Berbel (1998), que enfatiza a importância de partir de problemas, teorizar a sua compreensão e, no final, elaborar hipóteses de solução; e, por fim, o sugerido por Bordenave e Pereira (2001) quando indicam o caminho metodológico que consiste em o aluno partir de uma situação-problema e, passando pela teorização, chegar a sínteses provisórias que lhe possibilitem transformar a realidade.

Pelos depoimentos dos professores, tanto a ressignificação histórica como a problematização foram consideradas recursos necessários para o professor desenvolver práticas pedagógicas significativas na Pós-modernidade. Na metodologia, no entanto, percebemos a limitação dos professores em problematizar, teorizar e levar o aluno a produzir de forma fundamentada. Esse problema ainda tem suas raízes nas práticas que formaram e continuam, em grande parte, formando os futuros professores.

Proposições e considerações finais

Vivemos os processos que nos instigam. Esse que agora estamos findando foi mais um vivido intensamente. Nele nos desnudamos. Registramos buscas que nos acompanham há muitos anos. Somamos a elas as inquietações de um número significativo de professores da Educação Básica e Superior, além de alunos da graduação e pós-graduação. Recorremos a vários pensadores para nos ajudar a compreender e, se possível, encaminhar solução ao problema abordado.

Antes de propor alguns encaminhamentos práticos finais para os professores, retomamos, em síntese, os pontos-chave da nossa proposta ao exercício do magistério:

1) **Para ressignificar os conhecimentos**, o professor necessita **conhecer o processo histórico** dos conhecimentos, desde a mais remota origem possível. Conhecer as situações e os problemas que originaram o conhecimento possibilita ao professor visualizar situações e problemas em que ele se torna significativo na atualidade. Portanto, durante a formação, o futuro professor precisa aprender a historicidade dos conhecimentos com os quais irá trabalhar e, durante o

exercício da profissão, necessita, constantemente, investigar o conhecimento e ressignificá-lo.

2) **Para despertar o desejo dos alunos** em relação ao conhecimento o professor deve **problematizá-lo**. Isso significa que, na prática pedagógica, deverão ser incorporadas situações-problema significativas para o aluno e que provoquem nele o desejo e a necessidade de buscar o conhecimento. Logo, durante a sua formação, ao futuro professor necessita ser oferecida oportunidade para que ele possa relacionar os conhecimentos adquiridos com problemas reais do contexto para criar o hábito da problematização e exercitar-se nela. Por sua vez, durante o exercício da sua profissão, precisa estar atento às novas situações e problemas do contexto que podem tornar o conteúdo significativo.

3) **Para dinamizar a prática pedagógica**, alguns passos são fundamentais. **Inicialmente, provocar no aluno o desejo de aprender** através da apresentação do(s) **problema(s)**, a sua discussão, ainda sem a apresentação dos fundamentos teóricos. **Depois desse momento de caos, o conhecimento teórico** é apresentado como luz para a compreensão e/ou solução do(s) problema(s) inicial(is). **Por último**, são trazidos **novos problemas** para os quais o aluno é convidado a **encontrar** ou a **reconstruir soluções**, a propósito dos quais ele é solicitado a **argumentar**, e **isso fundamentado nas teorias** assimiladas e aplicando-as, ou, inclusive, descobrindo e aplicando teorias novas. Esse exercício metodológico, que traz em seu princípio a

prática investigativa, a utilidade do conhecimento, o respeito aos desejos humanos, entre outros, precisa ser exercitado com os futuros professores e com os professores já em exercício da sua profissão.

São esses os referenciais que embasam nossa compreensão quando nos referimos à formação e à prática qualificada dos professores, ou seja: ressignificação histórica, problematização e metodologia problematizadora.

Para frisar a importância da ressignificação histórica dos conhecimentos, vários teóricos foram abordados e concordaram que é preciso resgatar a história do conhecimento para ressignificá-lo; que os conhecimentos são construções históricas; que é preciso reconstruir o clima e a história da origem do conhecimento; e que a falta de compreensão histórica dos conhecimentos produz a incapacidade cognitiva. Os professores investigados, em sua totalidade, reconheceram que, para ressignificar os conhecimentos, **é preciso conhecê-los na sua origem histórica.** Também os alunos da graduação e pós-graduação afirmam que o professor, conhecendo a origem histórica do conhecimento, consegue dar mais sentido às aulas.

Quando afirmamos que o professor precisa problematizar os conhecimentos para despertar o interesse nos alunos, novamente fomos apoiados pelos teóricos e pelos professores investigados. Entre os teóricos, tivemos a constatação de que a problematização ajuda a criar o gosto pela discussão; que a problematização é uma forma de erotização para provocar o desejo de aprender; e que a problematização é o começo de um processo criador. Por sua vez, os professores investigados, tanto do Ensino Superior como da Educação Básica, ou ainda os alunos da graduação, concordam que a problematização é um elemento provocador do desejo, pois instiga a pessoa a buscar soluções.

Por sua vez, também, apresentamos a **sugestão metodológica** para dinamizar o processo pedagógico, indicando passos possíveis, **partindo da problematização, passando pela teorização e chegando à produção fundamentada**. Aqui encontramos o apoio dos teóricos e o aceite com os investigados em relação à nossa proposta. Entre as ideias lembradas por esses teóricos, pode-se destacar que a partir de um problema busca-se compreendê-lo, fundamentá-lo, discuti-lo, por último são elaboradas hipóteses de solução e aplicação; que para entender uma teoria precisamos, antes, compreender o problema que ela se propõe a resolver; que é preciso introduzir o artifício para nele promover o natural; que o aluno passa de uma visão sincrética do problema, através da teorização, para chegar a uma síntese provisória, para transformar a realidade; e, por fim, que o aluno precisa ter um problema a resolver e a incapacidade de resolvê-lo sem aprender.

Os professores investigados também concordam que é preciso imprimir práticas pedagógicas que tenham como base o desenvolvimento do espírito perquiritório, e que formem alunos argumentativos e críticos. Além de concordarem sobre a problematização, coincidem também em que se faz necessário provocar o desejo do aluno, respeitar suas concepções prévias, entre outros. No entanto, o que se viu no momento de eles relatarem como iniciam o processo, como é o passo intermediário e o final, é que permitem distanciamentos entre a teoria e a prática. Por outro lado, percebeu-se uma unanimidade nos depoimentos dos alunos da graduação e pós-graduação, que a dinamização das aulas, tendo como referência a metodologia sugerida, possibilita ao aluno construir conhecimentos significativos, úteis, fundamentados e motivadores.

Isso posto e fundamentado, concentramo-nos em apontar possíveis diferenciais entre o referencial teórico e prático da proposta aqui defendida em relação ao que vem sendo feito, em geral, nas práticas pedagógicas, tanto no Ensino Superior como na Educação Básica.

Em épocas mais remotas, os professores tinham a preocupação, quase única, de transmitir informações teóricas de um determinado tempo para serem recebidas e repetidas pelos alunos. Muitos mantêm, ainda hoje, essa prática.

Paulatinamente, surgem novos paradigmas da educação, preocupando-se mais em conhecer do ser humano e pensar os fundamentos educacionais voltados para as necessidades apontadas. Aqui, as preocupações concentram-se, em grande parte, na necessidade de envolver e de forma mais ativa os alunos no processo, de contextualizar os conhecimentos e de atribuir utilidade a eles. Esses são alguns dos fundamentos que emergem nesse momento.

Assim, os professores, em geral, começaram a ter a preocupação de, além de transmitir os conhecimentos teóricos, também buscar um significado para eles no contexto. Essa, aliás, é a prática que, certamente, mais se evidencia em nossos dias. Exemplo disso foram os passos metodológicos ainda apontados por boa parte dos professores investigados. Os professores começam o processo dando o conteúdo e, depois, buscam exemplos no contexto para significá-lo, concluindo com exercícios, novamente sobre os conteúdos. Ou seja, no momento inicial, quando é propício despertar o interesse do aluno, o qual se manifesta através daquilo que está próximo dele, naquilo que lhe é significativo e lhe provoca a motivação, o professor apresenta o remoto e, somente depois, vai buscar exemplos próximos.

Certamente houve grande avanço quando se trata em tornar a educação mais humanizante e significativa. Nas salas de aula, hoje, vamos encontrar mescla entre essas duas dimensões: alguns professores ainda estão quase que totalmente presos a passar informações e cobrá-las apenas numa dimensão teórica remota; outros fazem esforço para conseguir, após terem passado a teoria, exemplos em que esta seja significativa.

Nossa proposta vai além dessas duas práticas. Trata-se, aqui, de apresentar sugestões que, na sala de aula, possam ajudar os professores a contemplar, o mais possível, os desejos e as necessidades do homem na Pós-modernidade, com profundo respeito à sua natureza. Para tanto, reunimos e procuramos interpretar o pensamento de inúmeros teóricos, ouvimos e refletimos as falas de professores que estão em sala de aula. Acrescentamos a tudo isso as nossas preocupações e os desafios que enfrentamos como professor em sala de aula nos últimos 24 anos. Quantas horas foram gastas procurando soluções para as desmotivações dos alunos, para superar limitações pessoais que percebíamos em nossa prática, relacionadas à falta de sentido que os conteúdos tinham para nós mesmos e nossos alunos. Quantos livros, palestras, discussões nesse tempo. Buscas, muitas vezes, desalentadoras. No entanto, todo esse quadro, desafiando-nos na teoria e na prática, para não dizer na prática e na teoria, foi criando um consenso ao redor de algumas ideias que começavam, sempre mais, a ter um sentido para nós, para nossos alunos e para os colegas professores com os quais interagíamos.

Sugerimos, assim, com muita convicção, **um processo metodológico diferenciado**, mas desafiador para os professores. **Iniciar a abordagem através da problematização (não com a teoria)** pressupõe, segundo nossas percepções e de vários autores aqui citados, o respeito à natureza humana, pois essas situações-problema estão visíveis para os alunos, portanto são significativas e provocadoras para eles. O enigma está relacionado com o espírito de investigação que nos acompanha desde a mais tenra infância e dá sentido à existência humana. **Suscitar, em seguida, a discussão com os alunos, antes da teorização**, coloca-os em conflito, provoca o caos, outra necessidade humana, pois não existe a ordem sem o caos. O sentido da vida é o constante movimento entre o caos e a ordem. **Posterior a esse momento de conflito, a teoria vem para ordenar os pensamentos**, ajudando os alunos, à luz da história, a compreender os seus contextos. **Após a teori-**

zação, faz-se necessário outro momento em que os alunos possam **exercitar argumentativamente a teoria em situações-problema reais e significativas**, levando a uma produção em que **demonstrem suas compreensões e/ou aplicações dos conhecimentos em sua vida, reconstruam sua realidade e tenham, inclusive, a possibilidade de criar novos conhecimentos.**

Dessa maneira, o espírito perquiritório do homem estará sendo exercitado. O processo torna-se movimento entre os saberes e os não saberes, entre o caos e a ordem. A independência pessoal e coletiva se manifestam com mais vigor. **Os sujeitos falam com fundamento, sabem por que dizem aquilo que dizem, tornam-se críticos.** As mentes ficam mais ativas. O pensamento crítico, que tanto se proclama, torna-se realidade com mais plenitude, pois as pessoas têm a possibilidade de analisar os fatos, apoiando-se em fundamentos. O ser reflexivo pode ressurgir com maior plenitude[1].

Em suma, a educação precisa respeitar o homem e possibilitar-lhe o desenvolvimento das suas capacidades, para que possa desenvolver-se como pessoa, cidadão, profissional competente em um mundo dinâmico. As pessoas precisam fortalecer a esperança de que, atra-

---

1. Concretiza-se, assim, de forma mais efetiva, o sonho de Habermas (1983: 80), em relação à construção de uma sociedade, "resultante de processos cooperativos de interpretação, envolvendo as estruturas significativas: a cultura (continuação do saber válido); a sociedade (estabilização da solidariedade entre os grupos); a personalidade (formação de atores e autores capazes de responder por suas ações).

vés da educação, conseguem sair da sua situação de dependência e ignorância pessoal e coletiva[2].

O melhor instrumento, nesse sentido, é exercitar as mentes para que, quando necessário, sejam capazes de acionar os conhecimentos compreendidos, fundamentar suas convicções e responsabilizar-se por seus atos.

No entanto, para concretizar esses ideais é preciso rever a formação dos professores, tanto do Ensino Superior, no qual se preparam os futuros profissionais, como daqueles que já estão nas salas de aula na Educação Básica. Precisamos recuperar o tempo, apesar de as condições de trabalho não serem as mais adequadas.

Estamos conscientes de que:

- a formação dos professores foi limitada;
- a educação, principalmente no Brasil, sempre foi relegada a segundo plano;
- como professores, estamos submetidos a condições de trabalho, muitas vezes, desumanas;
- os gestores das escolas e das universidades também vêm de uma formação que deixa a desejar;
- o planejamento nas escolas e nas universidades é visto, muitas vezes, mais como uma tarefa a cumprir

---

2. De acordo com Rosa (1994: 28), "hoje uma educação de qualidade significa oferecer instrumentos para que os indivíduos possam desenvolver-se e ampliar sua autonomia, que tenham capacidade de autodirigir-se, de pensar com a própria cabeça, fazer escolhas e responsabilizar-se por elas".

do que um referencial orientador e capaz de subsidiar avaliações e replanejamentos;

- os diminutos encontros de reflexão nas escolas e nas universidades são usados mais para banalidades do que para provocar o confronto de ideias, a reflexão da prática à luz da teoria e da teoria à luz da prática, para ressignificar e qualificar a ambas.

Esses são alguns aspectos aqui lembrados. Com certeza, há outros.

Para finalizar, **deixamos algumas sugestões**. A partir das nossas concepções, o professor precisa:

1) **conhecer as situações e os problemas que originaram os conhecimentos, para ressignificá-los;**

2) **pensar problemas reais e significativos para os conhecimentos que irá desenvolver;**

3) **para dinamizar o processo, iniciar com problemas, passar pela teorização e chegar à produção fundamentada dos alunos.**

Esses princípios temos exercitado com professores e alunos da graduação e pós-graduação. O processo tem-se mostrado por demais atraente e motivador aos mesmos. Para resgatar o processo com os professores **sugerimos** reuni-los, em grupos de estudo, ou em reuniões, por área de conhecimento, e, de conteúdo em conteúdo, investigar as situações e os problemas que originaram os conteúdos; identificar as situações e os problemas onde esse conteúdo torna-se significativo para os alunos e, com base nessas informações, elaborar e exercitar aulas que iniciem com a problematização, instiguem as hipóteses, apresentem os conteúdos como referenciais para a compreensão e/ou solução dos problemas, concluindo com atividades em que mostrem a sua compreensão e/ou aplicação, fundamentados no conteúdo aprendido.

Exercícios têm sido desenvolvidos em algumas instituições de ensino e no meio empresarial. Relatamos três exemplos, duas escolas e uma microempresa, para ilustrar como, na prática, o processo torna-se realidade, podendo ser extensivo a outras instituições.

Começamos por uma escola pública. Dentro do planejamento anual de reuniões, as áreas de ensino selecionam um conteúdo para cada encontro. Inicialmente, todo professor, individualmente, investiga dados da origem do conteúdo. Durante a reunião, esses dados são socializados. Juntos, os professores os complementam e trocam ideias sobre situações e problemas atuais em que o conhecimento pode ser significativo aos seus alunos. A partir dessas trocas, usando como referencial o Arco de Maguerez, os professores vão se desafiando na sala de aula. O plano desta escola prevê ressignificar historicamente os conteúdos de todos os componentes curriculares até o final de 2007 [sic]. Ouvindo esses professores, vemos neles um olhar de esperança, pois existe um horizonte para ressignificar o sentido de ser da própria pessoa do professor. Durante o processo, os professores certamente irão avançar na troca de experiências relacionadas à metodologia e avaliação.

Outro exemplo de uma prática semelhante tem sido exercitada, através de grupos de estudo, em uma instituição de ensino privada. No início do ano, cada área seleciona alguns conteúdos; e, uma vez ao mês, os docentes se reúnem, trazem as informações históricas das situações e problemas que originaram os conteúdos; documentam os dados, trocam ideias sobre os encaminhamentos metodológicos, a partir de Maguerez; de três em três meses socializam as suas produções no grande grupo; e, no final de um ano, produzem um artigo que é publicado internamente na instituição, a fim de que os professores tenham acesso ao material de todas as áreas de conhecimento. Assim, de ano a ano, a qualidade da prática pedagógica vai se solidificando.

Ainda um terceiro exemplo temos acompanhado em uma microempresa. O microempresário fez conosco a disciplina de pós-graduação Didática nas Organizações em que foram desenvolvidas as teorias aqui abordadas. Como ele tinha inúmeros problemas na empresa, resolveu adotar, nas reuniões com os colaboradores, a seguinte dinâmica: no início da reunião, apresenta o problema aos colaboradores; em seguida, abre espaço para a discussão. Quando não se tem fundamentos para a solução do problema e a tomada de decisão, os colaboradores recebem algum texto, ou vídeo [...] a fim de conhecerem referenciais teóricos, históricos, sobre o problema. Na reunião seguinte, agora fundamentados, o problema volta a ser discutido. Nesse segundo momento, com argumento teórico, o grupo chega ao consenso sobre a melhor solução a ser encaminhada. Relata-nos o microempresário que, desta forma, está conseguindo dar qualidade ao serviço, envolvendo todos os colaboradores, com grande motivação, inclusive muitos problemas ocultos da empresa estão sendo revelados. Um referencial que ainda lhe falta, segundo o empresário, é ter um plano estratégico para clarear a missão, visão, princípios, objetivos [...] e, a partir destes, mais objetivamente, analisar os problemas. É um exemplo de como é possível dinamizar as presentes propostas em áreas diversas, também, fora da sala de aula.

À luz desses exemplos relatados, a qualificação do professor formador no Ensino Superior, do professor da Educação Básica, ou de qualquer profissional que coordena grupos em instituições, pode estar:

1) **no exercício pessoal** de investigar os conhecimentos correlatos à sua área de atuação, problematizando-os e desafiando-se na prática;

2) **na formação de grupos de estudo**, ou em reuniões nas instituições, para:

a) **investigação** e partilha do conhecimento **histórico dos conteúdos**;

b) **problematização coletiva** desse conhecimento, mediante a troca de sugestões com os pares sobre situações reais e significativas;

c) **exercitação do processo pedagógico no grupo**, construindo os passos, analisando criticamente as construções, aplicando em sala de aula ou em outras situações e compartilhando com os colegas as práticas;

d) **produção e publicação de artigos, livros** [...] relatando as transformações percebidas.

Assim, entre as buscas pessoais e coletivas, vão se fortalecendo os desejos que cada professor traz em seu íntimo, ou seja, contribuir, através da educação, para que mais pessoas encontrem um sentido na vida, mais pessoas sejam livres, mais pessoas sejam felizes. Como no exemplo relatado acima, estende-se esse desejo, também, a outras áreas de atuação do homem, como foi o caso da microempresa relatado. Em uma dimensão mais ampla, por outro lado, menos nações sejam dependentes e que a humanidade possa reencontrar-se consigo mesma, com o meio, em uma relação de respeito e de profusão do sentido da vida.

São sonhos que todo ser humano traz. Os nossos foram expostos durante todo o processo de busca que aqui desenvolvemos. Nossos desafios, no entanto, não terminam aqui. Queremos compartilhar essas ideias nas quais acreditamos. Somente com mais pessoas sonhando é que podemos sonhar como outros educadores já sonhavam no passado, entre os quais Paulo Freire e Dom Helder Camara, que nos ensinou que:

> **um sonho que se sonha só**
> **é apenas um sonho**
> **um sonho que se sonha junto**
> **é a realidade que começa.**

Referências

ALVES, Rubem. **Conversas com quem gosta de ensinar**. 3. ed. São Paulo: Cortez, 1982.

ANTUNES, Celso. **As inteligências múltiplas e seus estímulos.** Campinas: Papirus, 1998.

AROUCA, Lucila Schwantes. **Relação ensino-pesquisa:** a formação do pesquisador em educação. Campinas: FE/Unicamp, 1995 [Fórum Paulista de pós-graduação – Mimeo.].

ASSMANN, Hugo. **Reencantar a educação:** rumo à sociedade aprendente. Petrópolis: Vozes, 1998.

BARDIN, Laurence. **Análise de conteúdo.** Lisboa: Ed. 70, 2004.

BERBEL, Neusi A. Navas (org.). **Metodologia da problematização** – Experiências com questões de Ensino Superior. Londrina: UEL, 1998.

BERTRAND, Yves. **Teorias contemporâneas da educação.** 2. ed. Lisboa: Instituto Piaget, 2001.

BORDENAVE, Juan Díaz & PEREIRA, Adair Martins. **Estratégias de ensino e aprendizagem.** 22. ed. Petrópolis: Vozes, 2001.

BOSI, Ecléa. **Memória e sociedade**: lembranças de velhos. São Paulo: T.A. Queiroz, 1979.

BOWEN, James. **Historia de la educación occidental**. T. III. Barcelona: Herder, 1992.

CANIVEZ, Patrice. **Educar o cidadão.** Campinas: Papirus, 1991.

CAPITÁN, Alfonso Díaz. **Historia del pensamiento pedagógico en Europa**. Madri: Dykinson, 1984.

CARVALHO, Maria C. Maringoni de (org.). **Paradigmas filosóficos da atualidade.** Campinas: Papirus, 1989.

CASTORIADIS, Cornélius. **O mundo fragmentado** – As encruzilhadas do labirinto/3. Rio de Janeiro: Paz e Terra, 1989a.

______. **A instituição imaginária da sociedade**. Rio de Janeiro: Paz e Terra, 1989b.

COLOM, Antoni J. **A (des)construção do conhecimento pedagógico** – Novas perspectivas para a educação. Porto Alegre: Artmed, 2004.

COMPÈRE, Madeleine. **Du college au lycée (1500-1850)**. Paris: Gallimard/Julliard, 1983.

CONTRERAS, José. **A autonomia dos professores**. São Paulo: Cortez, 2002.

CORTELLA, Mário Sérgio. **A escola e o conhecimento:** fundamentos epistemológicos e políticos. 7. ed. São Paulo: Cortez, 2003.

CURY, Augusto. **Pais brilhantes, professores fascinantes.** Rio de Janeiro: Sextante, 2003.

DANIELS, Harry (org.). **Vygotsky em foco:** pressupostos e desdobramentos. 4. ed. Campinas: Papirus, 1999.

DELORS, Jaques et al. **Educação um tesouro a descobrir.** Lisboa: Asa, 1996.

DEMO, Pedro. **Educação e qualidade.** Campinas: Papirus, 1994.

DEWEY, J. **Vida e educação.** São Paulo: Melhoramentos, 1972.

EBY, Frederick. **História da educação moderna.** Porto Alegre: Globo, 1978.

FLICK, Uwe. **Uma introdução à pesquisa qualitativa.** 2. ed. Porto Alegre: Bookman, 2004.

FOUCAULT, Michel. **A hermenêutica do sujeito.** São Paulo: Martins Fontes, 2004.

FOX, David J. **El Proceso de investigación en educación.** Pamplona: Eunsa, 1981.

FREIRE, Paulo. **Pedagogia da autonomia**. São Paulo: Paz e Terra, 1997.

GADAMER, H.G. **Verdad y método.** Salamanca: Sígueme, 1988.

GADOTTI, Moacir. **Escola cidadã.** 2. ed. São Paulo: Cortez, 1992.

GALINO, Maria Ángeles. **Historia de la educación** – Edades Antigua y Media. 2. ed. Madri: Gredos, 1988.

GIESECKE, Hermann. **Einführung in die Pädagogik**. 4. ed. Weinheim/München: Juventa Verlag, 1997.

GIL Y MUNIZ, A. & PERUSA Y PÉREZ, V. **Pedagogía moderna** – Historia de la educación y de la pedagogía. 2. ed. Málaga: R. Alcalá, 1924.

GILES, Thomas Ransom. **História da educação.** São Paulo: EPU, 1987.

GONZÁLEZ REY, Fernando Luis. **Sujeito e subjetividade.** São Paulo: Pioneira Thomson Learning, 2003.

GROSPERIN, Bernard. **Les petites écoles sous l'Ancien Regime.** Rennes: Ouest-France, 1984.

HABERMAS, Jürgen. **Théorie de l'agir communicationnel:** Tome 1 – Rationalité de l'agir et rationalisation de la société; Tome 2 – Pour une critique de la raison functionnaliste. Paris: Fayard, 1987.

______. **Teoria de la acción comunicativa:** complementos y estudios previos. 3. ed. Madri: Cátedra, 1997.

______. **A crise de legitimação do capitalismo tardio.** Rio de Janeiro: Tempo Brasileiro, 1980.

______. **Mudança estrutural da esfera pública.** Rio de Janeiro: Tempo Brasileiro, 1984.

HENGEMÜHLE, Adelar. **Gestão de ensino e práticas pedagógicas.** Petrópolis: Vozes, 2004.

HENGEMÜLE, Edgard. **La Salle, uma leitura de leituras.** Canoas: La Salle, 2000.

JUSTO, Henrique. Falhas e defeitos do professor de terceiro grau. In: **La Salle:** Revista de Educação, Ciência e Cultura, n. 2, 1998, p. 85-103.

______. **Ensino e aprendizagem segundo Carl Ransom Rogers:** aprendizagem centrada no aluno. Canoas: Centro Universitário La Salle, 2003.

______. **La Salle, patrono do magistério** – Escritos-inovação pedagógica. 5. ed. Canoas: La Salle, 2003.

KNECHTEL, Maria do Rosário. **Educação permanente da reunificação alemã e reflexões e práticas no Brasil.** Curitiba: UFPR, 1994.

KUHN, Thomas S. **A estrutura das revoluções científicas.** São Paulo: Perspectiva, 1987.

LARROYO, Francisco. **História geral da pedagogia**. São Paulo: Mestre Jou, 1970.

MARQUES, Mário Osório. **Conhecimento e modernidade em reconstrução**. Ijuí: Unijuí, 1993.

MARROU, Henri-Irénée. **História da educação na Antiguidade**. São Paulo: EPU, 1975.

MARTINS, Joel & BICUDO, Maria A. Viggiani. **Estudos sobre existencialismo, fenomenologia e educação**. São Paulo: Moares, 1983.

MAYER, Frederick. **História do pensamento educacional**. Rio de Janeiro: Zahar, 1976.

MEIRIEU, Philippe. **Aprender... sim, mas como?** 7 ed. Porto Alegre: Artes Médicas, 1998.

MELCHIOR, Maria Celina. **Avaliação pedagógica:** função e necessidade. Porto Alegre: Mercado Aberto, 1995.

MONROE, Paul. **História da educação.** 6. ed. São Paulo: Nacional, 1983.

MORAES, R. Análise de conteúdo: limites e possibilidades. In: ENGERS, M.E.A. (org.). **Paradigmas e metodologias de pesquisa em educação.** Porto Alegre: Edipucrs, 1994.

MORETTO, Vasco Pedro. **Prova, um momento privilegiado de estudo, não um acerto de contas.** Rio de Janeiro: DP&A, 2001.

MORIN, Edgar. **Os sete saberes necessários à educação do futuro.** São Paulo/Brasília: Cortez/Unesco, 2000.

MOSQUERA, Juan José Mouriño. **Ensino:** uma tarefa de reflexão. Porto Alegre: Sulina, 1977.

NÓVOA, António (coord.). **As organizações escolares em análise**. 2. ed. Lisboa: Dom Quixote, 1995.

OLIVA, Alberto (org.). **Epistemologia:** a cientificidade em questão. Campinas: Papirus, 1990.

PALMER, R.R. **The school of the French Revolution.** Princeton, NJ: Princeton University Press, 1975.

PAULSEN, F. **German education:** Past and present. Londres: T. Fisher Unwin, 1908.

PERRENOUD, Philippe. **Avaliação:** da excelência à regulação das aprendizagens – Entre duas lógicas. Porto Alegre: Artes Médicas Sul, 1999a.

______. **Construir as competências desde a escola.** Porto Alegre: Artes Médicas, 1999b.

PILETTI, Claudino & PILETTI, Nelson. **Filosofia e história da educação.** 6. ed. São Paulo: Ática, 1988.

POPPER, Karl & ECCLES, John. **O eu e seu cérebro.** 2. ed. Campinas: Papirus, 1995.

POUNDS, Ralph Linnaeus. **The development of education in western culture.** Nova York: Meredith Corporation [s.d.].

ROGERS, Carl. **Liberdade de aprender em nossa década.** Porto Alegre: Artes Médicas, 1985.

ROSA, Sanny S. da. **Construtivismo e mudança.** 2. ed. São Paulo: Cortez, 1994.

SILVA, Tomaz Tadeu da. **O que produz e o que reproduz em educação.** Porto Alegre: Artmed, 1992.

______. **Alienígenas na sala de aula.** Petrópolis: Vozes, 1995a.

______. **O sujeito da educação.** 2. ed. Petrópolis: Vozes, 1995b.

SMYTH, J. **A rationale for teachears critical pedagogy:** a handbook. Victoria: Deakin University Press, 1987.

SOARES, Magda. **Metamemória-memórias:** travessia de uma educadora. 2. ed. São Paulo: Cortez, 2001.

TRIVIÑOS, Augusto Nibaldo Silva. **Cadernos de pesquisa Ritter dos Reis**, v. 4, p. 39-71, nov./2001. Porto Alegre.

ULLMANN, Reinholdo Aloysio. **A universidade medieval.** 2. ed. Porto Alegre: Edipucrs, 2000.

VASCONCELOS, Celso dos Santos. **Para onde vai o professor?** – Resgate do professor como sujeito de transformação. São Paulo: Libertad, 1995.

______. **Construção do conhecimento em sala de aula.** 13. ed. São Paulo: Libertad, 2002.

VASCONCELLOS, Maria José Esteves de. **Pensamento sistêmico:** o novo paradigma da ciência. 2. ed. Campinas: Papirus, 2003.

VIAL, Jean. **Les instituteurs.** Paris: J.P. Delarge, 1980.

VYGOTSKY, Lev Semyonovich. **A formação social da mente:** o desenvolvimento dos processos psicológicos superiores. 5. ed. São Paulo: Martins Fontes, 1994.

ZUBEN, Newton Aquiles Von. **A relevância da iniciação à pesquisa científica na universidade.** Campinas: Unicamp, 1994.

ZULOAGA, I. **Diccionario de Ciencias de la Educación**. Madri: Paulinas, 1990.